日本語文法の科学

―定本『新文体作法』―

齋藤紘一

鳥影社

日本語文法の科学

― 定本『新文体作法』―

目次

はじめに

　夏目漱石の『吾輩は猫である』のタイトル文は、それを見るだけで「吾輩」と自称する猫が眼前に現れてきます。しかし、それをただ単に「I am a cat.」と翻訳してみても、その面白みは伝わりません。そこで、英訳の場合には、「猫」を「a Cat」と大文字にしたり「である」に相当する「am」を「Am」と大文字にしたりする工夫がなされます。このことは日本語と英語の違いを端的に示すものであり、日本語の言語としての特徴を考えるうえでの参考になります。

　英語の単語「I」は、一人称単数を表す人称代名詞であり主語であるとされます。確かに、「I」という単語については、それが人称代名詞であり、文から省略することのできない主語であると言うことができます。しかし、単語「吾輩」についてはどうでしょうか。それを直ちに人称代名詞であり主語であると言い切ることは難しそうです。例えば、「吾輩」は「この吾輩」という形でも用いることができます。したがって、「吾輩」という単語は、普通名詞である単語と見た方がよさそうです。そして、「吾輩」という単語は、そこに「は」がつけて用いられることで強調はされていますが、文の主語であるとは言えません。ちなみに、「吾輩は」の部分を省いた「猫である」だけでも文としては成立します。ついでに言えば、その「猫である」を「猫だ」、「猫さ」、「猫よ」としても文として成立します。これまでの文法では、この「だ」は助動詞、「さ」、「よ」は助詞とされます。名詞である単語「猫」に同じようにしてつけて用いられているのに、そのような違いがあるのはどうしてなのでしょうか。それよりも何よりも、そもそも「吾輩は猫である」と口にする「話し手」は、猫自身なのでしょうか。猫とは別の人間なのでしょうか。

　本書は、こうした素朴な疑問に答えられるようにするために、明治以降に普及した言文一致体をもととする口語文の文体について考察をすることで、「日本語のルールとしての文法を新たな視点から見直し、それを一つの体系としてとらえる」ことを目指します。なお、時枝誠記は「文法を記述する目

的は、文法を科学的に体系づけ、これを説明することにある」としています（時枝誠記『「日本文法」口語編・文語編』講談社学術文庫　2020年）。

　検討を進めるにあたって、必要となるいくつかの用語についてあらかじめ定義をしておきます。まず、「文を作りそれを情報として伝えること」を「発話」、文を作りそれを情報として伝える人を「話し手」、文を情報として受け取る人を「聞き手」と呼ぶこととします。「文法上の意味・機能を有し、言語使用において独立性のある最小単位」を「単語」といいます。「概念をその意味内容として表す単語」を「詞」といいます。「概念をその意味内容として表すことはないが、事物に対する「話し手」の立場を表現する単語」を「辞」といいます。なお、「言語使用において独立性はあまりないが、認識の対象となる事物を指し示す機能を持つ単語」を「指示語」といいます。いわゆる「こ、そ、あ、ど」がそれに当たります。

　「文」とは、「具体的な思想の表現であって統一性と完結性のあるもの」のことです。複数の文から構成され思考の展開を表現するものを「文章」といいます。文は、基本的に、詞と辞とで構成されます。文を組み立てる際に「話し手」は、文が情報を伝える力のあるものとなるようにするために、文中の詞の一つに「文を情報として伝える力」を付与します。文中のどの詞にそれが付与されたかは、構文や辞の用い方によって明示されます。さらに、口頭での発話の際には、アクセントやイントネーションによっても示されます。

　「話し手」が「発話」をどのような立場に立って行うかを、「述べ方」と呼ぶこととします。「述べ方」のうち、「客観的な立場に立って述べる述べ方」を「陳述」、「主観的な立場に立って述べる述べ方」を「述定」と呼ぶこととします。そして、「文を情報として伝える力」を陳述の述べ方をする際に付与されることとなる詞を「陳述詞」、述定の述べ方をする際に付与されることとなる詞を「述定詞」と呼ぶこととします。また、陳述詞の用いられた文を「陳述文」、述定詞の用いられた文を「述定文」と呼ぶこととします。

第一章

詞

1）概念と詞

「概念をその意味内容として表す単語」である詞の代表的なものとして、名詞、形容詞、動詞があります。ここでは、それらの詞の表すこととなる概念がどのようにして作られるかを具体例でみていきます。

まず、名詞の場合です。子供は、例えば、家にいる飼い猫を目にすることで、それが「猫」という言葉で呼ばれるものであるということを知ります。そして、図鑑などを通して「猫」には「三毛猫」と呼ばれるものや「ペルシャ猫」と呼ばれるもののいることを知ります。そうしたことをもとに、「猫」という概念と言葉とを獲得します。

次に、形容詞の場合です。子供は、例えば、飼い猫を見て「かわいい」と思います。隣家の飼い猫を見てもそう思います。と同時に、子供は飼い猫に「かわいさ」を感じたり、飼い猫そのものが「かわいい」と感じたりもします。また、小さな花を見ても同じように思ったり感じたりします。そうしたことをもとに、「かわいい」という概念と言葉とを獲得します。

名詞および形容詞の場合には、知覚の対象となった種々の事象や物体（以下、「事物」という）の像が意識の中に表れ、それが事物の表象として把握されます。同じ事物、または、複数の同じような事物を知覚の対象とする際にも同じ表象が把握されるという経験を通じて、その表象は一般化されて意識的存在である〈もの〉として認識されます。そして、同様の認識が多くの人によってなされ互いに共有されてその存在が認知されることで、一定範囲の事物に適用される概念を表す詞が作られます。

動詞の場合には、事情は違います。子供は、例えば、鳥が空を飛ぶのを目にします。飛行機が飛ぶのを目にします。しかし、タンポポの穂も、木の葉も空を飛びます。ゴミも空を飛びます。飛び方も飛ぶスピードも飛ぶことにより発生する音も違います。そこで、子供は運動現象を事物のうごきとしてとらえます。しかし、それでも子供は、さまざまな飛ぶという運動現象を知ることによって、やがて、そうした運動現象がタンポポの穂や木の葉やゴミ、

さらには鳥や飛行機に帰属する運動によってもたらされるということを理解するようになります。そして、「飛ぶ」という運動概念と言葉とを獲得します。

　以上のことから、詞の意味内容として表される概念には、次の三つのものがあるということが分かります。

　　イ）実体概念……事物を知覚することにより意識に表れる像を知覚された事物の根底にあるもののもたらす表象（以下、「実体表象」という）であるとして把握し、同様の実体表象をもたらすものを一般化して事物の持続的な担い手である意識的存在（以下、「実体」という）と認識してその存在を認知することにより作られる概念。なお、実体概念には、個物としての事物の根底にあるものを実体ととらえた実体概念のほかに、事物の形やありさまを事物の根底にある実体の表象として把握することをもとに作られる形状性概念、事物の相互間の関係や事物の集合を事物の根底にある実体の表象として把握することをもとに作られる関係概念や集合概念なども含まれます。

　　ロ）属性概念……事物の有する形態・性状・関係などを知覚することにより意識に表れる像を事物の実体に依存して付帯的にあり人間の五感に作用を及ぼすもののもたらす表象（以下、「属性表象」という）であるとして把握し、同様の属性表象をもたらすものを一般化して事物の実体に依存して付帯的にある意識的存在（以下、「属性」という）と認識してその存在を認知することにより作られる概念

　　ハ）運動概念……事物の空間的位置・動作・作用・状態・存在などの時間的な持続または時間的な変化（以下、「現象」という）をその事物の実体に帰属する運動が事物にもたらす現象（以下、「運動現象」という）ととらえ、その運動現象を運動そのものの表象（以下、「運動表象」という）であるとして把握し、同様の運動表象をもたらすものを一般化して事物の実体に帰属することとなる意識的存在（以下、「運動」という）と認識してその存在

　　を認知することにより作られる概念

　以上のような概念をその意味内容として表す単語である詞は、どの概念を
その意味内容として表すかにより、それぞれ次のように分類されます。

　　　　　名詞……実体概念をその意味内容として表す詞
　　　　　形容詞…属性概念をその意味内容として表す詞
　　　　　動詞……運動概念をその意味内容として表す詞

　さて、名詞である単語「猫」を例に、概念をその意味内容として表す詞が
事物をどのようなものとして表すかについて見て行きます。
　まず、「猫」という単語には、猫という事物の実体概念そのものを表すも
のがあります。概念そのものをその意味内容として表す詞を表象詞と言いま
す。したがって、実体概念そのものを表すことに用いられる「猫」という単
語は、実体表象詞ということになります。次に、あなたの家に猫がいるとし
ます。その際には、「猫」という単語は、一匹の具体的な個物としての猫を
表すことに用いられます。このように、実体概念の適用される個物を表す詞
を実体存在詞と言います。しかし、猫はあちらこちらにいます。また、三毛
猫もいればペルシャ猫もいます。その場合の猫という実体存在詞である単語
は、抽象的な個物としての猫を表すことに用いられることになります。した
がって、「猫」という実体存在詞である単語には、猫という実体概念の適用
される事物を抽象的な個物として表すものと具体的な個物として表すものと
があるということになります。
　さらに、「猫」という単語は、〝あれは猫だ〟、〝あれがうちの猫なの〟とい
う形でも用いられます。この場合には、「猫」という単語には、現に目の前
に存在する猫が「猫」という実体概念の適用される事物であると述定する力
が付与されています。このように、文を情報として伝えるための力の付与さ
れた詞として述定文において用いられる「猫」という単語は、具体的な個物
を表す実体存在詞である単語ではなく、実体述定詞である単語ということに
なります。ところで、「猫」という単語は、また、〝猫だ！〟、〝猫！〟という

形でも用いられ、述定をする文を作ります。すなわち、文を情報として伝えるための力の付与された詞として単独で用いられます。ただし、この「猫」という単語は、現に目の前にいる「猫」を表す実体存在詞であると言わざるをえません。したがって、同じ「猫」という単語ではあっても、〝猫だ！〟、〝猫！〟という形で用いられるものは実体存在詞、〝あれは猫だ〟、〝あれがうちの猫なの〟という形で用いられるものは実体述定詞ということになります。ただし、〝あれは…猫だ！〟となるときもあり、実体存在詞であるか実体述定詞であるかは主にアクセントの置かれ方で判断されることになります。本書では、事物を目の前にして単独で述定に用いられる実体存在詞を「独立語格の述定詞」と呼び、実体述定詞をはじめ述定文において文を情報として伝えるための力の付与された詞として用いられる述定詞を「述語格の述定詞」と呼ぶことにします。

　さて、形容詞および動詞とされる詞にも、概念そのものを表す表象詞があります。そして、その表象詞である単語は、主に修飾語として用いられます。また、形容詞および動詞である単語の多くのものは、〝飛行機は大きい〟、〝飛行機が飛ぶ〟のように述語格の述定詞として用いられます。その場合の形容詞または動詞である単語は、属性述定詞および運動述定詞ということになります。しかし、例えば、子供は飛行機を目の前に見て、〝大きい！〟とか〝飛ぶ！〟などと叫びます。すなわち、独立語格の述定詞として用います。この場合の形容詞および動詞である単語は、子供が同じく飛行機を目にしたときに〝飛行機！〟と叫ぶときに用いられる〝飛行機〟という単語と同じ用い方をされています。したがって、それらの詞は実体存在詞である単語、すなわち、属性存在詞または運動存在詞である名詞とみなすべきものということになります。なお、その他にも例をあげれば、〝かわいいに違いない〟とか、〝歩くには遠すぎる〟というように、形容詞および動詞である単語を名詞である単語として用いることはよく行われています。

　以上述べてきたことから、表記上は同じものではあっても、詞には表象詞、存在詞および述定詞があるということが分かります。

　　表象詞……概念そのものを表す詞

存在詞……概念の適用される事物を抽象的または具体的な個物として
　　　表す詞
述定詞……具体的な個物として現に存在する事物が概念の適用される
　　　事物であると述定する力の付与された詞

　なお、以下においては、詞が表象詞、存在詞、述定詞のいずれであるかを
明示する必要のある場合には、表象詞であるものには〈〉を、存在詞または
述定詞であるものには「」をつけて表記することとします。

《参考》

	表象詞	存在詞	述定詞
名詞〝猫〟	〈猫〉	「猫」というもの この・その・あの「猫」 「猫！」。	あれは、「猫」だ。
形容詞〝美しい〟	〈美しい〉	「美しい」 「美しい！」。	あれは、「美しい」。
動詞〝咲く〟	〈咲く〉	「咲く」 「咲く！」。	あれは、「咲く」。

２）詞はどのようにして作られるか

　ここからは、詞がどのようにして作られるのかについて、見ていきます。
　まず、日本語には、直接見たり触れたりすることのできる事物を表す具象
名詞やオノマトペが多くあるのに対し、抽象概念を表す抽象名詞が少ないと
いう特徴のあることに着目したいと思います。これは、日本語での言語表現
では、事物を体験的・臨場的にとらえる傾向が顕著に見られるという事実を
反映しています。名詞が独立語格の述定詞として用いられるということも、
その一つの表れです。つまり、事物が現に具体的な個物として目の前に存在
するということを前提として詞が作られてきた言語であるからこそ、名詞で
ある単語を独立語格の述定詞として用いることが容易にできるのです。さら

に、日本語の文では、述語格の述定詞を用いた文を作る際にも主語は必須のものではありません。それが明示されなくても、文は文として通じます。また、幅広い人気のある文芸が俳句や短歌であるということ、日本語で書かれる小説の主流が私小説であるということなども、対象となる事物を目の前において主観的な立場に立ってとらえることを基本として表現活動が行われて来たということの表れと言えます。

そこで、本書では、「日本語による言語活動は、事物が目の前にあるということを前提にして行われてきた」と考えることとします。すると、目の前にある事物を知覚することで意識に表れる像を表象として把握することをもとに詞を作る際には、〝存在する〟という運動概念が重要なはたらきを担うと考えるのが自然です。そこで、「日本語の詞を作ることには〝存在する〟という運動概念が補助概念として用いられる。すなわち、〝存在する〟という運動概念を意識的存在であると認識された実体、属性および運動に補助概念として付加してその存在を認知するという形を作ることで、日本語の詞は作られる」と考えることとします。なお、その補助概念として用いられる運動概念を ar と表記することとします。

まず、意識的存在と認識された実体の場合です。そこに補助概念 ar を付加することにより、意識的存在と認識された実体の存在を認知するという形を作ります。それが、実体概念そのものを詞の意味内容として表す実体表象詞です。その表象詞の形にさらに補助概念 ar を付加して概念の存在を認知するという形を作ることにより、実体概念の適用される事物を個物として表す実体存在詞ができます。実体存在詞としてのその形は確固としたものであり、壊れることはありません。そこで、実体存在詞を作るために付加される補助概念に力点を置く形で用いるときには、その実体存在詞は独立語格の述定詞となります。また、それを述定文中で述定する力の付与された詞として用いる場合には、実体存在詞ではなく述語格の述定詞である実体述定詞となります。実体存在詞の形の単語が実体存在詞であるか実体述定詞であるかは、構文またはアクセントにより判断されることになります。

意識的存在と認識された属性または運動の場合にも、その存在を認知するという形を作ることで表象詞ができます。そして、その表象詞の形にさらに

　補助概念 ar を付加して概念の存在を認知するという形を作ることにより存在詞を作ることができます。しかし、存在詞としてのその形はそれほど確固としたものではなく、それを独立語格の述定詞として用いることはできますが、述語格の述定詞として用いることはできません。述語格の述定詞として用いられる属性述定詞または運動述定詞は、意識的存在であると認識された属性または運動の存在を認知すると同時にその認知されたものの存在を認知するという形を作ることで作られます。属性述定詞は、ある具体的な個物としての事物の表象として把握される属性表象が属性述定詞の意味内容として表す属性概念の適用される属性がその実体に依存して付帯的にあることによってもたらされたものであるということを、運動述定詞は、ある具体的な個物としての事物の表象として把握される運動表象が運動述定詞の意味内容として表す運動概念の適用される運動がその実体に帰属することによってもたらされたものであるということを、それぞれ述定する力の付与された詞として用いられます。

　したがって、詞の作られ方については、意識的存在と認識された実体、属性、運動を括弧付きの形で表記することとすれば、補助概念 ar を付加することにより次のようにして作られると示すことができます。

表象詞 ………	（実体）＋ar	実体表象詞
	（属性）＋ar	属性表象詞
	（運動）＋ar	運動表象詞
存在詞 ………	［（実体）＋ar］＋ar	実体存在詞
	［（実体）＋ar］＋ar！	実体存在詞（独立語格の述定詞）
	［（属性）＋ar］＋ar	属性存在詞
	［（属性）＋ar］＋ar！	属性存在詞（独立語格の述定詞）
	［（運動）＋ar］＋ar	運動存在詞
	［（運動）＋ar］＋ar！	運動存在詞（独立語格の述定詞）
述定詞 ………	［（実体）＋ar］＋ar	実体述定詞（述語格の述定詞）
	（属性）＋ar＋ar	属性述定詞（述語格の述定詞）
	（運動）＋ar＋ar	運動述定詞（述語格の述定詞）

なお、補助概念 ar の付加は「話し手」および「聞き手」の意識の中でのみ行われることであり、詞の表記には関与しません。したがって、表象詞、存在詞、述定詞は、表記上はいずれも同じものとなります。しかし、「聞き手」は文を読んで文の組み立てにおける辞の用いられ方を知ることにより、また、音声を耳にすることにより、その違いを知ることになります。この補助概念 ar は、ある意味、時枝誠記のいう「零記号の陳述」に相当するものであると言えます（注）。

　　（注）時枝誠記の「零記号の陳述」とは次のようなものです。
　　　　「国語において、一個の詞としての用言、例えば、「降る」、「寒い」のみを以て文と考えることが出来るのは、用言が陳述を兼備しているが為ではなく、詞としての用言に零記号の陳述が連結するためである。」
　　　　（時枝誠記『国語学原論（上)』　岩波書店、2011 年　p275)。

3）動詞の活用形の意味するもの

　事物の持続的な担い手である実体をもとにして作られる名詞、あるいは、事物の実体に依存して付帯的にある属性をもとにして作られる形容詞の場合には、いずれも実体を有する事物のあることを前提として作られた詞であると言うことができます。ところが、動詞を作るためには、まず、現象を事物の実体に帰属する運動によりもたらされる運動現象としてとらえる必要があります。そうして初めて、運動現象を運動そのものの表象ととらえ、その運動表象をもたらすものを一般化して意識的存在である運動と認識することが可能となります。したがって、動詞を作るためには、①事物と運動とを関係付けることにより、現象を事物の実体に帰属する運動のもたらす運動現象としてとらえる、②その運動現象を運動そのものの表象として把握する、③同様の運動表象をもたらすものを一般化して意識的存在と認識する、という三つの段階を踏む必要があります。

　さて、動詞がどのように作られるかを見て行く際に、忘れてはならないことがあります。まず、日本語の動詞には活用形といわれるものがあります。未然形、連用形、終止形、連体形、仮定形および命令形がそれです。また、日本語には五つの母音があり、五段活用の動詞の活用形には、未然形にはア音、連用形にはイ音というように、アイウエオの音が順に表れます。そして、語尾にイ列音とエ列音の来る名詞が多くみられるように、イ列音、エ列音で終わる形が安定する形であるということは、よく知られています（注）。

　　（注）「イ列音、エ列音に終わる形は単語の末尾に立つ場合に用いられる」という指摘が有坂秀世によってなされています。たとえば、「船」という単語を例に取れば、その読みは〝ふね〟とエ列音で終わり安定しますが、「船底」の場合には〝ふなぞこ〟とア列音になります。前者を露出形、後者を被覆形といいます。そうした指摘はまとめられて、『母音交替の法則』と呼ばれています（亀井孝ほか編『日本語の歴史』第四巻　平凡社　2007 年）。

　ところで、いわゆる動詞には、〝着る〟、〝切る〟、〝斬る〟、〝伐る〟のように同じ音で読まれるのに、その活用形に違いのあるものがあります。それをローマ字表記して比べて見ると、結論としては、動詞の語幹である語には母音で終わる形で〝ki〟と表記されるものと子音で終わる形で〝kir〟と表記されるものとがあるということが分かります。同様のことは〝寝る〟と〝練る〟、〝射る〟と〝炒る〟についても言うことができます。そこで本書では、この「動詞の語幹である語」を、「意識的存在である運動と認識されることとなる運動を表す語」と呼ぶこととします（以下、略して「運動を表す語」という）。すなわち、意識的存在であると認識された運動が運動であり、運動を表す語は運動として認識されることとなる運動を表すということになります。運動を表す語の表記については、それをローマ字表記したものに引用符号をつけて、例えば、'ki'、'kir' のように表記することとします。また、運動として認識されることになる運動そのものを表す語の表記については、'運動' と表記することとします。なお、これに伴い、〝存在する〟という運

動概念をその意味内容として表す動詞〝ある〟の運動を表す語は、'ar' と表記されることとなります。

　以上のことを念頭において、次のように考えることとします。
「いわゆる動詞の活用形を作ることは、〝存在する〟という運動を表す語 'ar' に母音のついた形のものを素材として用いて行われる。具体的には、まず、'ar' を ar の形で任意の運動を表す語に付けて用いることで事物と運動との関係付けが行われ、事物の見せる時間的な持続または時間的な変化といった現象が運動のもたらす運動現象としてとらえられる。次いで、その ar に母音をつけることで、すなわち、ara、ari、aru、are、aro という形を作ることで、活用形のそれぞれができる。活用形は、運動現象がどのような表象として把握されたかを表す。把握された表象のそれぞれをもとに、それと同様の表象をもたらすものを一般化して意識的存在と認識してその存在を認知することで詞が作られる」。

　本書では、ar に母音のついた形のものを「詞形成素材」と呼ぶこととします。それぞれの詞形成素材を用いた形をいわゆる動詞の活用形との関係で言えば、運動を表す語に詞形成素材 ara をつけて用いたものが未然形、ari をつけて用いたものが連用形、aru をつけて用いたものが終止形もしくは連体形、are をつけて用いたものが仮定形、aro をつけて用いたものが命令形に相当します。なお、後述するように、一つの詞を作るために詞形成素材が複数用いられるということもあります。

　各詞形成素材による事物と運動との関係付けおよび運動現象の表象としての把握は次のように行われます。

　　　ara……運動を事物と関係付けはしたが、運動現象が何の表象であるか
　　　　　　を未だ把握できていないということを表す。
　　　ari……運動現象をその実体に帰属した運動によってもたらされた事物
　　　　　　のうごきととらえることで、実体表象として把握する。
　　　aru……運動現象を事物の実体に帰属する運動そのものの表象ととらえ
　　　　　　ることで、運動表象として把握する。
　　　are……事物の実体に運動が帰属すると仮定したときにもたらされると

　　　想定される運動現象を運動によってもたらされた事物のうごき
　　　ととらえることで、実体表象として把握する。
　aro……望まれる運動がある事物の実体に帰属することでもたらされる
　　　と想定される運動現象を運動そのものの表象ととらえること
　　　で、運動表象として把握する。

　運動を表す語に詞形成素材 aru をつけて用いるときには、運動現象を運動表象として把握することとなり、動詞が作られます。具体的には、まず、同様の運動表象をもたらすものを一般化して意識的存在と認識し、そこに補助概念 ar を付加してその存在を認知するという形を作ることで、運動概念そのものをその意味内容として表す運動表象詞ができます。運動表象詞は、動詞の連体形と言われるものに相当します。運動表象詞の形にさらに補助概念 ar を付加してその存在を認知するという形を作ることで、ある具体的な個物としての事物の実体に帰属することにより運動がその事物と一体化して不可分となって存在するということを表す運動存在詞ができます。また、意識的存在であると認識された運動の存在を認知すると同時にその認知されたものの存在を認知するという形を作ることで、運動述定詞を作ることができます。運動述定詞は、ある具体的な個物としての事物の見せる運動表象について、それが運動述定詞の意味内容として表す運動概念の適用される運動がその事物の実体に帰属することによってもたらされたものであると述定する力の付与された詞として用いられます。

　運動を表す語に詞形成素材 ara をつけて用いたものは、運動現象が何の表象であるかを未だ把握できていないということを表します。そこで、形容詞〝ない〟の語幹である語、すなわち、形容詞〝ない〟のもととなる「意識的存在である属性と認識されることとなる属性を表す語」（以下、「属性を表す語」という）である‘ない’をそこにつけて用いることにより、運動現象を表象として把握できないというそのありさまを属性表象として把握することになります。そして、同様の属性表象をもたらすものを一般化して意識的存在である属性と認識し、そこに補助概念 ar を付加してその存在を認知するという形を作ることで、属性表象詞が作られます。その属性表象詞の形から

は、属性存在詞を作ることができます。また、意識存在であると認識された属性の存在を認知すると同時にその認知されたものの存在を認知するという形を作ることで、属性述定詞を作ることができます。

（補注）

　詳述は避けますが、〝言わく〟、〝恐らく〟、〝老いらく〟などのいわゆるク語法と言われるものは、運動を表す語に詞形成素材 ara をつけて用いたものに、体言化をする語としての〝く〟をつけることで、運動現象をその実体に運動の帰属する事物のうごきとしてとらえたものと考えることができます。

　運動を表す語に詞形成素材 ari をつけて用いたもの、および、詞形成素材 are をつけて用いたものは、いずれも、運動現象をその実体に帰属した運動によってもたらされた事物のうごきとしてとらえることで、実体表象として把握することになります。したがって、同様の実体表象をもたらすものを一般化して意識的存在である実体と認識し、そこに補助概念 ar を付加してその存在を認知するという形を作ることで、実体表象詞が作られます。その実体表象詞の形からは、実体存在詞を作ることができます。そのうちの運動を表す語に詞形成素材 ari のついた実体表象詞の形から作られたものは、実体述定詞としても用いることができます。これらの詞は末尾がイ列音、エ列音で終わることとなり、安定した形のものとなります。

　なお、運動を表す語に詞形成素材 are をつけて用いたものは、そこに他の詞形成素材がつけて用いられるときには、運動を表す語として扱われることとなります。

《参考》

　運動現象をその実体に帰属した運動によってもたらされた事物のうごきと
とらえることで実体表象として把握して作られる名詞が、語尾にイ列音と
エ列音の来る形となるということは、訓読みの仕方にもはっきりと表れて
います。

漢字	い	り	え	れ
買	○	×	×	×
借	×	○	×	×
飢	×	×	○	×
消	×	×	○	×
枯	×	×	×	○
晴	×	×	×	○

　運動を表す語に詞形成素材 aro をつけて用いたものは、「話し手」にとっ
て望ましい運動現象がもたらされなければならないと述定する力の付与され
た詞、すなわち、いわゆる動詞の命令形もしくは意志形と言われるものを作
ることに用いられます。

　このように、運動を表す語に詞形成素材をつけて用いることによって、運
動概念はもちろん実体概念や属性概念をもその意味内容として表す詞が作ら
れます。そこで、名詞、形容詞、動詞という詞の分類について、改めて考え
てみる必要が出てきます。結論としては、概念の言語表現である詞は以下の
ように分類されることになります。

　　　名詞であるもの……実体表象詞、実体存在詞(属性存在詞、運動存在詞
　　　　　　　　　　　　であるものを含む)、実体述定詞
　　　形容詞であるもの…属性表象詞、属性述定詞
　　　動詞であるもの……運動表象詞、運動述定詞

　運動概念をその意味内容として表す詞である動詞が詞形成素材を用いてど
のように作られるかについては、第四章の動詞の作り方の項で詳述すること

とします。また、詞形成素材を用いることで生ずる ar 音の重複や母音連結による発音上の煩雑さがどのように解消されるかについては、第六章で述べることとします。

第二章

名詞

1）名詞の作り方

　名詞の作り方は次のようになります。まず、同様の実体表象をもたらすものを一般化して事物の持続的な担い手と考えられる意識的存在である実体と認識し、そこに補助概念 ar を付加してその存在を認知するという形を作ることで、実体概念をその意味内容として表す実体表象詞が作られます。実体表象詞としてのその形を一つのまとまりとしてとらえて、そこにさらに補助概念 ar を付加することで実体概念の適用される事物を個物として表す実体存在詞が作られます。実体存在詞は、そこに付加される補助概念 ar に力点を置く形で用いるときには独立語格の述定詞となります。また、それと同じ形のものを述定文中で用いるときには、述語格の述定詞である実体述定詞となります。

《参考》名詞の作り方の例
　意識的存在と認識された実体（猫）をもとに詞を作る場合
　　実体表象詞
　　（猫）＋ ar=〈猫〉
　　実体存在詞
　　［（猫）＋ ar］＋ ar=「猫」
　　　……「猫」というもの
　　　　　　ある「猫」
　　　　　　この・その・あの「猫」
　　［（猫）＋ ar］＋ ar！
　　　……「猫！」　　　　　　　　←独立語格の述定詞
　　実体述定詞（述語格の述定詞）
　　［（猫）＋ ar］＋ ar　　　……これ・それ・あれが「猫」だ。
　　　　　　　　　　　　　　　　……これ・それ・あれが「猫」です。

上記の《参考》に示したように、名詞である単語は、表記上および発音上は同じであっても、用いられ方により、その意味内容として表す実体概念の適用される事物のありようが異なるということが起こります。名詞である単語は、その意味内容として表される実体概念の適用される事物の表し方の違いにより、次のように分類されます。

・全称詞………実体概念そのものを表す名詞
・総称詞………ある実体概念の適用される事物を抽象的な個物として表す名詞
・不定称詞……ある実体概念の適用される事物をそれと特定しない形で具体的な個物として表す名詞
・定称詞………ある実体概念の適用される事物をそれと特定する形で具体的な個物として表す名詞

　これに従えば、実体表象詞である単語は全称詞ということになります。実体存在詞である単語は、それが事物を抽象的な個物として表すものであるときには総称詞であり、具体的な個物として表すものであるときには不定称詞または定称詞であるということになります。

　不定称詞は、実体概念の適用される具体的な個物としての事物をそれと特定しない形で表します。そこで、不定称詞の実体存在詞である単語は、そこに運動表象詞〈ある〉を修飾の形でつけたものに辞〝は〟をつけて用いることで、いくつかの事物のうちの一つを取り上げて述定文の主題として提示することに用いられます。

　定称詞は、実体概念の適用される具体的な個物としての事物をそれと特定する形で表します。そこで、定称詞である単語は、実体概念の適用される事物をそれと特定する形で表す実体(定称)存在詞として用いられます。実体(定称)存在詞であるものは独立語格の述定詞としても用いられます。しかし、定称詞である単語は、それが述語格の述定詞として用いられるときには、実体述定詞ということになります。

　属性存在詞は、属性概念の適用される属性がある具体的な個物としてそれ

と特定できる事物の実体に依存して付帯的にあることによりその事物と一体化し不可分となって存在するということを表します。同様に、運動存在詞は、運動概念の適用される運動がある具体的な個物としてそれと特定できる事物の実体に帰属することによりその事物と一体化し不可分となって存在するということを表します。そこで、これらの名詞は定称詞ということになります。しかし、実体(定称)存在詞としてのみ用いられ、実体述定詞として用いられることはありません。ただし、実体(定称)存在詞であるので、独立語格の述定詞としては用いられます。

　ところで、実体概念の適用される事物を抽象的な個物として表す実体存在詞である単語には、その意味内容として表す実体概念がいくつかの実体概念を種概念として包括する類概念である場合があります。その場合、類概念である実体概念の適用される事物を表す総称詞であるその単語は、種概念である実体概念それぞれの適用される複数の事物をまとめて表すこととなります。類概念である実体概念をその意味内容として表す実体存在詞の総称詞である単語でまとめて表されることとなる事物の範囲、すなわち、種概念である実体概念の適用される事物を表す総称詞で抽象的な個物として表されることとなる事物の範囲を「外延」と言います。例をあげれば、「金属」の外延は「金」、「銀」、「銅」、「鉄」など、「芸術」の外延は「文学」、「絵画」、「音楽」、「演劇」など、ということになります。

　以下においては、ある名詞である単語が全称詞である場合には、実体表象詞と表記することとします。総称詞または不定称詞である場合には、それぞれ、実体(総称)存在詞、実体(不定称)存在詞と表記することとします。定称詞である場合には、定称詞と表記します。ただし、定称詞である単語について、存在詞として用いられるものと述語格の述定詞として用いられるものとを区別して扱う必要のあるときには、存在詞として用いられるものは実体(定称)存在詞、述語格の述定詞として用いられるものは実体述定詞と表記することとします。

2）うごき名詞について

　先にも述べたように、運動を表す語に詞形成素材 ari または詞形成素材 are をつけて用いることで、運動現象は事物の実体に帰属した運動によってもたらされた「事物のうごき」（以下、「うごき」という）としてとらえられ、実体表象として把握されます。そこで、「うごき」をもととする実体表象詞が作られることになります。

「うごき」をもとに作られた実体表象詞のその形に補助概念 ar を付加することで、実体存在詞を作ることができます。したがって、実体述定詞も作ることができます。ただし、詞形成素材 are を用いて「うごき」としてとらえたものをもとにして作られる実体存在詞は、実体表象としての把握の際に「運動が事物の実体に帰属する」と仮定をしたうえで具体的な個物としての事物のうごきをとらえたものとなるので、実体(定称)存在詞としてのみ用いられます。それを実体述定詞として用いることはできません。また、仮定がなされたということと矛盾しないようにするため、実体表象詞、実体(定称)存在詞いずれも、条件文を作ることのためにのみ用いられます。また、実体(定称)存在詞は独立語格の述定詞としていわゆる動詞の命令形に代わるものとして用いられることが多くあります。

　本書では、詞形成素材 ari または詞形成素材 are を用いて、運動現象を事物のうごきととらえることで作られる名詞を「うごき名詞」と呼ぶこととします。

《参考１》「うごき名詞」について
　・〝‘運動’＋ ari〟の形で表される「うごき」の場合

　　（‘運動’＋ ari）＋ ar……………………実体表象詞

　　［（‘運動’＋ ari）＋ ar］＋ ar…………実体存在詞

　　［（‘運動’＋ ari）＋ ar］＋ ar！………実体(定称)存在詞

　　　　　　　　　　　　　　　　　　　（独立語格の述定詞）

　　［（‘運動’＋ ari）＋ ar］＋ ar……実体述定詞（述語格の述定詞）

・〝‘運動’＋are〟の形で表される「うごき」の場合

  (‘運動’＋are) ＋ ar ……………………実体表象詞

  [(‘運動’＋are) ＋ ar] ＋ ar …………実体(定称)存在詞

  [(‘運動’＋are) ＋ ar] ＋ ar！………実体(定称)存在詞

            (独立語格の述定詞)

《参考２》条件提示に用いられるうごき名詞

 (‘運動’＋ are) ＋ arの形をもとにしたうごき名詞である単語は条件提示に用いられます。実体表象詞であるものは仮定条件の提示に用いられます。実体(定称)存在詞であるものは確定条件の提示に、または、独立語格の述定詞として逆説条件の提示に、それぞれ用いられます。

    仮定条件……………〈行け〉ば

    順接の確定条件……「行け」ば

    逆接の確定条件……「行け」ども

《参考３》

 動詞〝ある〟の語幹である語、すなわち、〝存在する〟という運動と認識されることとなる運動を表す語 ‘ar’に詞形成素材 ariをつけて用いた形をもとにしたうごき名詞の実体(総称)存在詞であるものは、漢字一字で表記され、うごき名詞ではなくありさま名詞として用いられます。これは歴史的な語用の名残と言えます。

 うごき名詞

  (‘ar’＋ari) ＋ ar →〈あり〉   ……実体表象詞

  [(‘ar’＋ari) ＋ ar] ＋ ar →「あり」、「有り」、「在り」

            ……実体(定称)存在詞

  [(‘ar’＋ari) ＋ ar] ＋ ar →「あり」   ……実体述定詞

 ありさま名詞

  [(‘ar’＋ari) ＋ ar] ＋ ar →「有」、「在」 ……実体(総称)存在詞

なお、̏'運動'＋ari˳ の形に補助概念 ar を付加することによりできる実体表象詞は、運動をその一要素として含む名詞であることから、他の名詞の修飾にも用いられます。

《参考》「うごき」をもととする実体表象詞が他の名詞の修飾に用いられる用例
　　　生き物……〈生き〉物
　　　枯れ木……〈枯れ〉木

3）名詞の仲間

　名詞という範疇には、さまざまの詞が属しています。ここでは、それがどのように用いられるものであるかという観点から、名詞の仲間とみなされる詞の主なものについて見ていくこととします。
　まず、名詞のうち、全称詞、総称詞、不定称詞および定称詞のいずれにも用いられるものを、普通名詞といいます。
　一方、事物の形やありさま（以下、「形状性」という）を事物の根底にある実体のもたらす表象として把握することをもとに作られる概念（以下、「形状性概念）をその意味内容として表す名詞は、全称詞、総称詞または定称詞としては用いられますが、不定称詞として用いられることはありません。そこで、これらの名詞を「形容性名詞」と呼ぶこととします。さらに、形容性名詞のうちには、総称詞としてのみ用いられ、不定称詞はもちろん全称詞や定称詞としても用いられないものがあります。それらの多くは漢字で表記されます。そこで、これらの名詞をとくに「ありさま名詞」と呼ぶこととします。形容性名詞の多くからは、そこに接尾語 ̏さ˳ をつけて用いることにより、形状性を具体的な個物としての事物の実体に依存して付帯的にある属性ととらえてその属性が事物と一体化し不可分となって存在するということを表す、属性存在詞を作ることができます。

第二章　名詞

《参考》形状性概念をもとにして作られる名詞の例

　　　形容性名詞であるもの………静か、穏やか、和やか、自由、平和、綺麗、
　　　　　　　　　　　　　　　　　立派、デコボコ、ゴツゴツ、ザラザラ、
　　　ありさま名詞であるもの……堂々、矍鑠、確固、
　　　属性存在詞であるもの………静かさ、穏やかさ、和やかさ、自由さ、
　　　　　　　　　　　　　　　　　平和さ、綺麗さ、立派さ、デコボコさ、
　　　　　　　　　　　　　　　　　ゴツゴツさ、ザラザラさ、

　名詞の中には、「うごき名詞」もあります。「うごき名詞」は、表象詞、総
称詞および定称詞として用いられます。なお、一部のものは、表象詞または
実体(定称)存在詞としてのみ用いられます。
　属性存在詞や運動存在詞は、実体(定称)存在詞としてのみ用いられます。
そこで、具体的な個物としての事物が目の前にあるということを前提に、独
立語格の述定詞としても用いられます。
　事物の名称として用いられ、その名称で呼ばれる事物をそれと特定した形
で具体的な個物として表す名詞を固有名詞、名詞の代わりに用いられる代用
形の名詞を代名詞といいます。また、事物の数量または序列を計測した結果
をある種の実体ととらえることで概念化し、それをその意味内容として表す
名詞を数詞といいます。これらの詞はいずれも定称詞としてのみ用いられま
す。
　さらに、名詞の中には、もともと実体概念をその意味内容として表す単語
ではないのに名詞として用いられるものがあります。そうしたものを、「形
式名詞」といいます。形式名詞には、〝もの〟と〝の〟の二つがあります。
形式名詞は、総称詞としてのみ用いられます（注）。

　（注）単語〝もの〟には、①形のある物体をはじめとして存在の感知できる対
　　　　象を表す、②対象を漠然としてとらえて表す、という二つの用法があ
　　　　ります（広辞苑）。①の用法で用いられるものは普通名詞である単語、
　　　　②の用法で用いられるものは形式名詞である単語ということになりま
　　　　す。普通名詞である単語は、ひらがなで「もの」、漢字で「物」または

「者」と表記されることがありますが、形式名詞である単語はあくまで
ひらがなで表記されます。

　なお、単語〝こと〟は、意識・思考の対象とするある事態や事柄を知
覚することで意識に表れる像をその対象の根底にあるものの表象とし
て把握することをもとに作られた実体概念をその意味内容として表す
詞です。名詞〝こと〟は、意識・思考の対象を客観的な一つのまとま
りとしてとらえることに用いられます。そこで、普通名詞「こと」は
総称詞または定称詞として用いられます。しかし、実体表象詞として
用いられることはありません。漢字では「事」と表記されます。ただし、
通常はひらがな表記されます。

　なお、普通名詞である単語「もの」を用いた〝〜の「もの」〟の形が単語「も
の」を省略した形で用いられるということが多くあります。その場合には、
単語「もの」を補って解釈することが必要になります。そのほかに、普通名
詞である単語「もの」が約められて「の」となり、実体存在詞である単語と
して用いられる場合もあるので、注意が必要です。

《参考１》

　　大事な「物」　　　……………「物」は普通名詞の総称詞である単語

　　大事である「物」　　……………「物」は普通名詞の定称詞である単語

　　学校という「もの」　…………「もの」は形式名詞の総称詞である単語

《参考２》

　　赤いのが好き→赤い「物」が好き………〝の〟は普通名詞である単語「物」
　　　　　　　　　　　　　　　　　　　　　の約められた形。

　　若いのと　　　→若い「者」と……………〝の〟は普通名詞である単語「者」
　　　　　　　　　　　　　　　　　　　　　の約められた形。

　　私のと　　　　→私の「物」と…………普通名詞である単語「物」の省
　　　　　　　　　　　　　　　　　　　　　略された形。

　詞の中には、ある実体概念をその意味内容として表す単語を語源とすることが明らかではあるが、今では、その実体概念を意味内容として表す単語とは認められないものや語源は必ずしも明らかではないが名詞とみなすことでその単語としての用いられ方の理解が容易になるものがあります。それらの詞は、辞〝の〟を介して他の名詞につくことができるかどうかで、二つのグループに分けることができます。

　本書では、そのような詞も名詞の仲間とみなし、辞〝の〟を介して他の名詞につくことができるものを「準詞」、つくことのできないものを「助詞」と呼ぶこととします。準詞は、実体表象詞、総称詞、実体(定称)存在詞として用いられます。それに対して、助詞は、実体(定称)存在詞としてのみ用いられ、実体表象詞に相当するものは辞として用いられます。したがって、準詞および助詞は独立語格の述定詞としても用いられます。

《参考１》
　　準詞の例…………はず、ため、まま、よう、ほど、くらい、……
　　助詞の例…………から、まで、だけ、ばかり、のみ、きり、……

《参考２》
　　語源の明らかなものとしては、たとえば、次のような例をあげることができます。
　　はず……「筈」…弓の両端の絃をかけるところ
　　から……「うから」、「やから」と同じ語源または「国柄」や「人柄」の「柄」
　　のみ……「の身」
　　だけ……「丈」または「長」
　　きり……「切り」

《参考３》
　　準詞が実体(定称)存在詞である単語として用いられるということは、次のような表現で用いられる単語「猫」を準詞である単語で置き換えることにより確かめられます。

その「猫」だ。その「猫」さ。その「猫」よ。その「猫」なのだ。
その「はず」だ。その「はず」さ。その「はず」よ。その「はず」なのだ。

その「猫」は、いない。その「猫」ではある。
その「はず」は、ない。その「はず」ではある。

《参考４》準詞および助詞の用例

準詞の用例

実体表象詞としての用例

その〈よう〉な、その〈くらい〉な

実体(総称)存在詞としての用例

そのような「はず」、そのような「まま」

実体(定称)存在詞としての用例

その「はず」ではある。

「花」の〈咲く〉「はず」がない。

その「ため」には、

「花」の〈咲く〉「ため」には、

実体(定称)存在詞の独立語格の述定詞としての用例

その「はず」だ。

その「ため」だ。

あの男は、〈来る〉「はず」だ。

＝あの男はきっと「来る」。その「はず」だ。

助詞の用例

辞としての用例

実体(定称)存在詞につけて用いられる場合。

「東京」から「大阪」まで行く。

「東京」からは、離れられません。

述定文につけて用いられる場合。

お前がそんなことをするからだ。

　　　この俺が行くまで、待て。

　　　雨の予報が出ているから、傘を持っていく。

　　　雨の予報だから、傘を持っていく。

実体(定称)存在詞としての用例

　　辞〝が〟をつけて用いられる場合。

　　　「屋根」「まで」が飛んだ。

　　　「東京」「まで」が被災した。

　　修飾を受けた形のものが、そこに辞〝は〟以外の辞をつけさらに
　　辞〝は〟をつけて用いられる場合。

　　　〈行く〉「から」には、頑張ります。

　　独立語格の述定詞として用いられる場合。

　　　〈我慢する〉「きり」、ない。

　　　〈頑張れる〉「だけ」、頑張ってみます。

　　　そうなったら、〈我慢する〉「だけ」だ。

　　　あとは、〈待つ〉「だけ」だ。

普通名詞…………事物、事物相互間の関係、事物の集合などを知覚することにより意識に表れた像をその根底にあるもののもたらす実体表象であるとして把握することをもとに作られた実体概念をその意味内として表す名詞

形容性名詞………事物の形やありさまを事物の根底にあるもののもたらす実体表象であるとして把握することをもとに作られた実体概念をその意味内容として表す名詞

ありさま名詞……形容性名詞のうち総称詞としてのみ用いられるもの

うごき名詞………運動現象を事物のうごきとしてとらえ、それを実体表象であるとして把握することをもとに作られた実体概念をその意味内容として表す名詞

属性存在詞………属性概念の適用される属性が具体的な個物としてそれと特定できる事物の実体に依存して付帯的にあることによりその事物と一体化し不可分となって存在するということを表す名詞

運動存在詞………運動概念の適用される運動が具体的な個物としてそれと特定できる事物の実体に帰属することによりその事物と一体化し不可分となって存在するということを表す名詞

固有名詞…………その名称で呼ばれる事物をそれと特定する形で具体的な個物として表す名詞

代名詞…………………名詞の代わりに用いられる代用形の名詞
　・人称代名詞…………「話し手」との関係を示すもの
　　　　自分自身を「話し手」として表現するもの…一人称の人称代名詞
　　　　他者を「聞き手」として表現するもの…二人称の人称代名詞
　　　　他者を話題の事物として表現するもの…三人称の人称代名詞
　・反照代名詞…………人称詞の用いられた一つの文の中で、人称詞に
　　　　　　　　　　　　代えて用いられる代名詞
　・指示代名詞…………「話し手」と事物そのものの位置関係、もしくは、
　　　　　　　　　　　　「話し手」と事物の存在する場所や方角との関
　　　　　　　　　　　　係を指示語を用いて表現するもの。または、文
　　　　　　　　　　　　として表現された内容を事物として取り上げ、
　　　　　　　　　　　　その事物の文中における「話し手」との位置関
　　　　　　　　　　　　係を指示語を用いて表現するもの

数詞………………事物の数量または序列を計測した結果をある種の実体
　　　　　　　　　ととらえることで概念化したものを、その意味内容
　　　　　　　　　として表す名詞

形式名詞…………実体概念をその意味内容として表す単語ではないが、
　　　　　　　　　名詞の総称詞である単語として用いられる単語〝も
　　　　　　　　　の〟および〝の〟

準詞………………実体概念をその意味内容として表すことのなくなった
　　　　　　　　　名詞のうち、他の名詞に辞〝の〟を介して接続するこ
　　　　　　　　　とのできるもの………………………〝はず〟、〝まま〟など。

助詞………………実体概念をその意味内容として表すことのなくなった
　　　　　　　　　名詞のうち、他の名詞に辞〝の〟を介して接続するこ
　　　　　　　　　とのできないもの………………………〝から〟、〝まで〟など。

別表 2. 名詞での事物の表し方

	表象詞	存在詞			述定詞	単語の例
	全称詞	総称詞	不定称詞	定称詞		
普通名詞	○	○	○	○	○	猫、家族、もの（物、者）、……
形容性名詞	○	○	×	○	○	平和、自由、綺麗、立派、……
ありさま名詞	×	○	×	×	×	堂々、闌鑠、……
うごき名詞	○	○	×	○	○	行き、帰り、遊び、……
属性存在詞	×	×	×	○	(△)	美しい、楽しい、……
運動存在詞	×	×	×	○	(△)	聞く、見る、……
固有名詞	×	×	×	○	○	夏目漱石、ニュートン……
代名詞	×	×	×	○	○	私、あなた、彼……これ・それ・あれ……
数詞	×	×	×	○	○	1、2、3……
形式名詞	×(辞)	○	×	×	×	もの、の
準詞	○	○	×	○	(△)	はず、まま、……
助詞	×(辞)	×	×	○	(△)	から、まで、……

(注) ○はそれに相当する名詞として用いられること、×は用いられないこと
を表します。(△) は実体(定称)存在詞であるものが独立語格の述定詞
として用いられるということを表します。(辞) は、それに相当する形
のものが辞として用いられるということを表します。

第三章

形容詞

1）形容詞の作り方

　形容詞は、事物の形態・性状・関係などを知覚することにより意識に表れる像を事物の実体に依存して付帯的にあり人間の五感に作用を及ぼすもののもたらす表象であるとして、すなわち、属性表象であるとして把握することをもとに作られる属性概念を、その意味内容として表す詞です。

　日本語の形容詞は、形状性概念をその意味内容として表す形容性名詞のうちのあるものに〝く〟をつけ副詞として用いたものがその原型であるとされています。その後、形容性名詞に、終止のときには「し」、連用修飾に用いるときには「く」、連体修飾に用いるときには「き」をつけて、形容詞として用いることが広く行われるようになり、「く」、「し」、「き」の不足部分を補う形で〝くあり〟という表現形ができるとともに、それが約められていわゆるカリ活用が生まれたとされます。また、連体修飾に用いられる「き」がイ音便化することで「い」のついた形で終わる形容詞ができたとされています。

　さて、形容詞の作り方の説明に入る前に、形容詞にク活用のものとシク活用のものとがあるということについて考えてみます。その際、形容詞というものの多くが漢字を受容した形容性名詞をもとに生まれてきたことに注目したいと思います。当然のことながら、漢字を日本語読みする際には、〝し〟で終わる形となるものとならないものとが出てきます。日本語読みをするときに〝し〟で終わる形となる形容性名詞にも、そこに「く」をつけて連用修飾に用い、「き」をつけて連体修飾に用いることが広く行われるようになり、やがてシク活用の形容詞が生まれました。そして、〝し〟で終わる形が形容詞の終止の形として用いられることが定着するにつれて、形容性名詞としては用いられなくなったと考えることができます。ちなみに、ク活用、シク活用いずれの活用をする形容詞であっても、そのもととなった形容性名詞からは、そこに接尾語〝さ〟をつけることで、属性存在詞を作ることができます。

　以上に述べた形容詞のできるまでのプロセスを例示的に示せば、次のようになります。

丸　→　丸（形容性名詞）→　丸さ………………属性存在詞
　　　　↓
　　　丸し、丸く、丸き………いずれも形容詞
　　　　　　　　　⇒丸く→丸くあり（カリ活用）
　　　　　　　　　丸き→丸い（イ音便化）

美　→　美し（形容性名詞）→　美しさ……属性存在詞
　　　　↓
　　　美し、美しく、美しき……いずれも形容詞
　　　　　　　　　⇒美しく→美しくあり（カリ活用）
　　　　　　　　　美しき→美しい（イ音便化）

　なお、本書では、形容詞にはいわゆる活用形というものはないとする立場から、連用修飾に用いられる〝丸く〟、〝美しく〟など形容性名詞に「く」をつけてできた形のものについては、〝〜く〟の形の副詞とみなすこととします。

《参考》
　漢字〝無〟が〝な〟と読まれていたことを踏まえれば、例示的に示したものと同様、次のように考えることができます。
　　無　→　な（形容性名詞）→　なさ……属性存在詞
　　　　　↓
　　　　なし、なく、なき……いずれも形容詞
　　　　　　　　　⇒なく→なくあり（カリ活用）
　　　　　　　　　なき→ない（イ音便化）
（注）「若の浦に潮満ち来れば潟を無み葦辺をさして鶴鳴き渡る」
　　　山部赤人（万葉集919）

　さて、ここで、〝丸くあり〟と〝丸い〟、〝美しくあり〟と〝美しい〟の形が互換的な表現であったということを指摘しておきたいと思います。形容詞

である単語 〝丸い〟は、ある具体的な個物としての事物の属性表象として把握される表象について、その表象が事物の実体に依存して付帯的にある 〝丸い〟という単語の表す属性概念の適用される属性によりもたらされたものであるということを述定する詞です。一方、〝丸くあり〟という判断は、〝丸い〟という属性がある事物の実体にたまたま依存して付帯的にある（以下、「偶有的属性」という）ということについて下された判断となります。したがって、〝丸くあり〟と〝丸い〟が互換的な表現であったということは、形容詞 〝丸い〟の意味内容として表す属性概念が偶有的属性概念であるということを意味します。つまり、日本語の形容詞は、まず偶有的属性をもとに作られた属性概念をその意味内容として表す詞として生まれ、その後、ある事物の実体につねに依存して付帯的にある属性（以下、「内在的属性」という）を表す詞としても用いられるようになったと考えることができます。そこで本書では、同じ形容詞に偶有的属性概念をその意味内容として表すものと内在的属性概念を表すものとの二つがあることから、必要に応じ、内在的属性概念を作るもととなる意識的存在である属性を(属性(内))、偶有的属性概念を作るもととなる意識的存在である属性を(属性(偶))と表記することとします。

　さて、意識的存在であると認識された属性に補助概念 ar を付加してその存在を認知するという形を作ることによって、属性概念をその意味内容として表す属性表象詞を作ることができます。その際に、内在的属性概念をその意味内容として表す属性表象詞または偶有的属性概念をその意味内容として表す属性表象詞のいずれかができます。

　いずれの属性表象詞も、名詞の修飾に用いられます。ただし、内在的属性概念をその意味内容として表す属性表象詞は実体(総称)存在詞の修飾に用いられ、偶有的属性概念を表す属性表象詞は実体(定称)存在詞または実体述定詞の修飾に用いられます。

　偶有的属性概念をその意味内容として表す属性表象詞からは、その形を一つのまとまりとしてとらえてそこにさらに補助概念 ar を付加することで、属性存在詞を作ることができます。属性存在詞は、ある属性が具体的な個物としてそれと特定できる事物の実体に依存し付帯することによりその事物と一体化し不可分となって存在するということを表します。属性存在詞は、補

助概念 ar に力点を置く形でそれを用いることで、独立語格の述定詞として用いることができます。また、偶有的属性の存在を認知すると同時にその認知されたものの存在を認知するという形を作ることによって、属性述定詞を作ることができます。属性述定詞は、具体的な個物としてそれと特定できる事物のもたらす属性表象について、それが偶有的属性概念の適用される属性がその事物の実体にたまたま依存して付帯的にあることによってもたらされたものであるということを述定する力の付与された詞として用いられます。

　なお、内在的属性概念をその意味内容として表す属性表象詞からは、属性存在詞や属性述定詞を作ることはできません。

《参考》

・内在的属性概念をその意味内容として表す形容詞の場合

　　（美しい（内））+ar=〈美しい〉…内在的属性概念を表す属性表象詞

　　→〈美しい〉「花」……………「花」←実体(総称)存在詞

・偶有的属性概念をその意味内容として表す形容詞の場合

　　（美しい（偶））+ar=〈美しい〉…偶有的属性概念を表す属性表象詞

　　→この・その・あの〈美しい〉「花」

　　　　　　　　　　　　………「花」←実体(定称)存在詞

　　→これ・それ・あれは〈美しい〉「花」だ。……「花」←実体述定詞

　　→［（美しい（偶））+ar］+ ar=「美しい」

　　　　　　　　　　　……属性存在詞(実体(定称)存在詞)

　　→［（美しい（偶））+ ar］+ ar！=「美しい！」

　　　　　　　　　　　……属性存在詞(独立語格の述定詞)

　　→（美しい（偶））+ ar + ar=「美しい」…………属性述定詞

　ところで、形容詞の中には、感情形容詞と呼ばれるものがあります。感情形容詞は、主観的な感覚・感情の表現に用いられますが、述定詞として用いることは、「話し手」の感情を表現するときにのみ可能です。ちなみに、〝私は悲しい〟とは言えても、〝あの男は悲しい〟とは言えません。

　感情形容詞である単語、例えば、〝悲しい〟、〝うれしい〟、〝楽しい〟などは、「話し手」の感情のありさまを表す形容性名詞、〝悲し〟、〝うれし〟、〝楽し〟をもとにしてできたものです。そこで、感情形容詞は感情のありさまを属性表象としてもたらすものが「話し手」という事物の実体に依存して付帯的にあるということを表す属性存在詞または属性述定詞として用いられることになります。それで、その使用が「話し手」の感情の表現に限定されるのです。「話し手」が〝悲しい！〟と言うときにはその「話し手」は感情形容詞の属性存在詞である単語を独立語格の述定詞として用いているのであり、〝私は悲しい〟と言うときにはそれを属性述定詞である単語として用いているのです。

　なお、これら感情形容詞は、推量表現の文や疑問文であれば、それを属性存在詞の独立語格の述定詞として「話し手」以外の感情の表現に用いることができます。

《参考》

　「悲しい！」　　　　　　←「悲しい！」属性存在詞（独立語格の述定詞）

　私は「悲しい」。　　　←「悲しい」属性述定詞

　　　　　　（あの男は「悲しい」。……表現としては用いられない）

　あの男は「悲しい」に違いない。　←「悲しい」属性存在詞

　「悲しい！」の？　　　←「悲しい！」属性存在詞（独立語格の述定詞）

２）ナ形形容詞といわれるもの

　〝実体表象詞＋な〟の形は、形容詞と同じく修飾に用いられることから、ナ形形容詞といわれます。しかし、〝実体表象詞＋な〟の形は、形容詞ではありません。ちなみに、〝実体表象詞＋な〟の形の用法には、形容詞である単語のそれとの間に違いがあります。たとえば、形容詞である単語のように、それをそのままの形で述定に用いることはできません。そこで、形容動詞の活用形と見なされることもあります。だが、この形は、あくまでも、形容性名詞の実体表象詞である単語に辞〝な〟のついた形と考えるべきです。

〝実体表象詞＋な〟の形は実体(総称)存在詞である単語の修飾に用いられます。実体(不定称)存在詞である単語の修飾には、〝実体(総称)存在詞＋なる〟の形が、実体(定称)存在詞または実体述定詞である単語の修飾には〝実体(総称)存在詞＋で〈ある〉〟の形が用いられます。それに対して、形容詞のほうは、内在的属性概念をその意味内容として表す属性表象詞である単語は、実体(総称)存在詞である単語の修飾に用いられます。また、偶有的属性概念を表す属性表象詞である単語は、実体(定称)存在詞または実体述定詞である単語の修飾に用いられます。言い換えれば、〝実体表象詞＋な〟の形は内在的属性概念をその意味内容として表す形容詞の属性表象詞である単語に相当するものとして用いられます。そして、〝実体(総称)存在詞＋なる〟の形や〝実体(総称)存在詞＋で〈ある〉〟の形は、偶有的属性概念をその意味内容として表す形容詞の属性表象詞である単語に相当するものとして用いられます。

　なお、〝実体表象詞＋な〟の形が実体(不定称)存在詞や実体(定称)存在詞である単語の修飾に広く用いられていますが、本来的には誤用ということになります。

《参考》〝実体表象詞＋な〟、〝実体(総称)存在詞＋なる〟、〝実体(総称)存在詞＋で〈ある〉〟の用例

　　用例1

　　　　〈きれい〉な「花」　　　　　……「花」←実体(総称)存在詞

　　　　「きれい」なる「花」　　　　……「花」←実体(不定称)存在詞

　　　　「きれい」で〈ある〉「花」　　……「花」←実体(定称)存在詞

　　　　「きれい」で〈ある〉「花」だ。……「花」←実体述定詞

　　用例2

　　　　〈偉大〉な「目標」……目標というもの

　　　　　　　　　　　　　　……「目標」←実体(総称)存在詞

　　　　「偉大」なる「目標」……ある任意の目標

　　　　　　　　　　　　　　……「目標」←実体(不定称)存在詞

　　　　「偉大」で〈ある〉「目標」…特定の目標

　　　　　　　　……「目標」←実体(定称)存在詞

　ほぼ同じ意味を有する形容詞である単語と〝実体表象詞＋な〟の形とがある場合には、両者は修飾されることとなる名詞が、その詞の意味内容として表す実体概念の適用される事物をどのようなものとして表しているかに応じて使い分けられることになります。すなわち、事物を具体的な個物として表す実体(定称)存在詞または実体述定詞である単語の修飾には、偶有的属性概念を表す形容詞の属性表象詞である単語が用いられます。そして、抽象的な個物として表す実体(総称)存在詞である単語の修飾には、内在的属性概念を表す形容詞の属性表象詞の単語に相当するものとしての〝実体表象詞＋な〟の形が用いられます。

《参考》〝大きい〟と〝大きな〟を修飾に用いる際の使い分けの用例
　　大きい←偶有的属性概念を表す形容詞の属性表象詞である単語
　　　　……この〈大きい〉「象」は、
　　　　　　　　　…………「象」←実体(定称)存在詞
　　　　これは〈大きい〉「象」だ。
　　　　　　　　　…………「象」←実体述定詞
　　大きな←内在的属性概念を表す形容詞の属性表象詞である単語に相当
　　　　……〈大き〉な「象」は、
　　　　　　　　　…………「象」←実体(総称)存在詞
　　　　そこには〈大き〉な「象」が「い」「ます」。
　　　　　　　　　…………「象」←実体(総称)存在詞

　なお、中国語の「的」をそのまま音読する形で用いた〝〜的〟という形は、形容性名詞である単語に相当するものとして扱われ、〝〜的な〟、〝〜的なる〟、〝〜的〟と使い分けられることになります。

《参考》〜的＋名詞の用例
　　例：具体的＋目標……具体的な「目標」……目標というもの

　　　　　　　　　「目標」←実体(総称)存在詞
具体的なる「目標」…ある任意の目標
　　　　　　　　　「目標」←実体(不定称)存在詞
具体的「目標」………特定の目標
　　　　　　　　　「目標」←実体(定称)存在詞
具体的「目標」だ。…特定の目標
　　　　　　　　　「目標」←実体述定詞

第四章

動詞

1）動詞の作り方

　動詞は、次のようにして作られます。まず、運動を表す語に詞形成素材 aru をつけて用いることで、運動現象を運動そのものの表象として把握します。そして、同様の運動表象をもたらすものを一般化して意識的存在と認識しその存在を認知するという形を作ることによって、運動概念をその意味内容として表す運動表象詞が作られます。運動表象詞は動詞の連体形といわれるものに相当します。運動表象詞である単語は、実体(定称)存在詞または実体述定詞である単語の修飾に用いられます。そして、運動表象詞からは、その形を一つのまとまりとしてとらえてそこに補助概念arを付加することで、運動存在詞が作られます。先にも述べたように、運動存在詞は動詞ではなく名詞の実体(定称)存在詞です。そこで、独立語格の述定詞としても用いられます。

　また、意識的存在であると認識された運動の存在を認知すると同時にその認知されたものの存在を認知するという形を作ることによって、運動述定詞を作ることができます。運動述定詞は、具体的な個物としてそれと特定できる事物のもたらす運動表象について、それが運動概念の適用される運動がその事物の実体に帰属することによってもたらされたものであるということを述定する力の付与された詞として用いられます。

　運動表象詞、運動存在詞、および運動述定詞は、表記上はみな同じとなりますが、以上のことから、品詞分類としては、運動表象詞と運動述定詞が動詞、運動存在詞は名詞ということになります。

　さて、運動を表す語に関しては、先にも述べたとおり、それが母音で終わる形で表記されるものと子音で終わる形で表記されるものとがあります。以下においては、運動を表す語が母音で終わる形で表記される動詞を〝着る〟で、子音で終わる形で表記される動詞を〝切る〟で代表させ、適宜その他の動詞も例に取り上げながら、どのように動詞が作られるのかを、具体的に見ていくこととします。

《参考１》

　子音で終わる形で表記される運動を表す語に用いられる子音は、s、k、g、w、t、r、n、m、bのいずれかとなります。このうち、n音で終わるものは、〝死ぬ〟一語のみです。

《参考２》

　運動表象詞

　　　（'ar' + aru）＋ ar ＝〈ある〉……〈ある〉「もの」

　　　（'ki' + aru）＋ ar ＝〈着る〉……〈着る〉「もの」

　　　（'kir' + aru）＋ ar ＝〈切る〉……〈切る〉「もの」

　運動存在詞

　　　［（'ar' + aru）＋ ar］＋ ar ＝「ある」………「ある」にはある。

　　　［（'ki' + aru）＋ ar］＋ ar ＝「着る」………「着る」には向かない。

　　　［（'kir' + aru）＋ ar］＋ ar ＝「切る」………「切る」には惜しい。

　　　［（'ar' + aru）＋ ar］＋ ar ！＝「ある！」………独立語格の述定詞

　　　［（'ki' + aru）＋ ar］＋ ar ！＝「着る！」………同上

　　　［（'kir' + aru）＋ ar］＋ ar ！＝「切る！」………同上

　運動述定詞

　　　（'ar' + aru）＋ ar ＋ ar ＝「ある」………「ある」。

　　　（'ki' + aru）＋ ar ＋ ar ＝「着る」………「着る」。

　　　（'kir' + aru）＋ ar ＋ ar ＝「切る」………「切る」。

　運動を表す語に詞形成素材 ari、または、詞形成素材 are をつけて用いる場合には、先にも述べたように、運動現象はある事物の実体に帰属した運動によりもたらされる事物のうごきとしてとらえられます。そこで、その表象は実体表象として把握されることとなり、うごき名詞が作られます。ただし、詞形成素材 are をつけて用いた形は、そこにさらに他の詞形成素材がつけて用いられるときには、母音で終わる形で表記される運動を表す語とみなされ

ます（注）。これは、言い換えれば、〝'運動'＋are〟の形の持つ運動現象を事物のうごきとしてとらえる力は弱いということになります。

（注）古語から現代語への流れの中では、運動を表す語に詞形成素材 ari をつけて用いた形からも、そこに詞形成素材 aru をつけて用いることで、動詞が作られてきました。

生く(四段活用)…'ik'→('ik'＋ari)　　→　iki……生き
　　　　　　　→('ik'＋ari)＋aru→ikiru……生きる(上一段活用)
　　　　　　　'ik'→('ik'＋are)　　　→　ike……活け
　　　　　　　→('ik'＋are)＋aru→ikeru…活ける(下一段活用)
飽く(四段活用)…'ak'→('ak'＋ari)　　→　aki……飽き
　　　　　　　→('ak'＋ari)＋aru→akiru……飽きる(上一段活用)

〝'運動'＋are〟の形に詞形成素材 aru をつけて用いた〝'運動'＋are＋aru〟の形からは、語尾が〝e-ru〟という形の動詞ができます。本書では、語尾が〝e-ru〟という形で終わる動詞を、「える型の動詞」と呼ぶこととします。

《参考》「える型の動詞」の例
〈着る〉……('ki'＋are)＋ar　→〈着れ〉………………　実体表象詞
　　　　　('ki'＋are＋aru)＋ar　→〈着れる〉……　運動表象詞
〈切る〉……('kir'＋are)＋ar　→〈切れ〉………………　実体表象詞
　　　　　('kir'＋are＋aru)＋ar　→〈切れる〉……　運動表象詞
〈見る〉……('mi'＋are)＋ar　→〈見れ〉………………　実体表象詞
　　　　　('mi'＋are＋aru)＋ar　→〈見れる〉……　運動表象詞
〈聞く〉……('kik'＋are)＋ar　→〈聞け〉………………　実体表象詞
　　　　　('kik'＋are＋aru)＋ar　→〈聞ける〉……　運動表象詞

　なお、同じく語尾が〝e-ru〟という形で終わる動詞には、古語において下二段活用の動詞として用いられ現在はア行下一段活用の動詞とされているも

のがあります。しかしながら、それらの動詞を〝‘運動’＋are＋aru〟の形から作られた動詞とみなした場合に想定される、〝‘運動’＋are＋aru〟の形の中にあるもともとの運動をもとにして作られるはずの〝‘運動’＋aru〟の形の動詞が、現在用いられている動詞の中にはありません。したがって、それらの動詞は、同じく語尾が〝e-ru〟という形で終わる動詞ではあっても、本書で言う「える型の動詞」ではないということになります。

《参考》
　古語において下二段活用の動詞として用いられ、現在はア行下一段活用の動詞とされるものには、たとえば、次のようなものがあります。

　　　　ア行……〝得〟、〝心得〟の二つのみ
　　　　　　　　〝得〟→〝得る〟……〝e-ru〟
　　　　　　　　〝心得〟→〝心得る〟……〝kokoro-e-ru〟
　　　　ハ行……〝ふ〟の形で終わるもの
　　　　　　　　〝考ふ〟→〝考える〟……〝kanga-e-ru〟
　　　　ヤ行……〝〜ゆ〟の形で終わるもの
　　　　　　　　〝見ゆ〟→〝見える〟……〝mi-e-ru〟（注）
　　　　　　　　〝消ゆ〟→〝消える〟……〝ki-e-ru〟
　　　　　　　　〝聞こゆ〟→〝聞こえる〟……〝kiko-e-ru〟
　　　　　　　　〝覚ゆ〟→〝覚える〟……〝obo-e-ru〟
　　　　ワ行……〝植う〟、〝飢う〟、〝据う〟の三つ
　　　　　　　　〝植う〟→〝植える〟……〝u-e-ru〟
　　　　　　　　〝飢える〟→〝飢える〟……〝u-e-ru〟
　　　　　　　　〝据う〟→〝据える〟……〝su-e-ru〟
　　　　　　（注）動詞〝見ゆ〟と〝見る〟とには、意味の上での違いがあります。

２）動詞の命令形と意志形について

　運動を表す語に詞形成素材 aro をつけて用いる場合には、望まれる運動が
ある事物の実体に帰属することでもたらされると想定される運動現象を運動
そのものの表象として把握することになります。その際、意識的存在と認識
されたその望まれる運動の存在を認知すると同時にその認知されたものの存
在を認知するという形を作ることによって、「運動概念の適用される運動が
具体的な個物としてそれと特定できる事物の実体に帰属してあれと述定する
（＝命令する）力の付与された述定詞」、すなわち、動詞の命令形と言われる
ものを作ることができます（以下、「運動述定詞（命令形）」という）。ただし、
いわゆる動詞の命令形は、運動述定詞（命令形）である単語がすべてではあり
ません。

　運動述定詞（命令形）は、母音で終わる形で表記される運動を表す語をもと
に〝（'運動'＋aro）＋ar＋ar〟という形を作ることで作られます。それ
に対し、子音で終わる形で表記される運動を表す語をもとにする動詞の命
令形には、詞形成素材 are を用いてできるうごき名詞の実体（定称）存在詞で
あるものが独立語格の述定詞として用いられます。すなわち、〝［（'運動'＋
are）＋ar］＋ar！〟という形のものということになります。このように、
運動を表す語が母音で終わる形で表記されるものであるか子音で終わる形で
表記されるものであるかにより、動詞の命令形として用いられるものが異な
るのは、運動を表す語に詞形成素材 aro を用いることで、異なる運動を表す
語から同じ形の運動述定詞（命令形）が作られるということが生じるので、そ
うなることを回避するためであると考えられます。

　なお、詞形成素材 aro 中の r 音は、命令をされる相手の自主性を許容しな
い場合には r 音のままですが、許容する場合には j 音に変わります。これは、
上一段活用、下一段活用の動詞と言われるすべての動詞について言うことが
できます。

《参考１》動詞の命令形と言われるもの

　　母音で終わる形で表記される運動を表す語をもととするもの

　　　→　運動述定詞（命令形）

　　　　　………………………（'運動'＋ aro）＋ ar＋ ar

　　　　　………………………（'運動'＋ are＋ aro）＋ ar＋ ar

　　子音で終わる形で表記される運動を表す語をもととするもの

　　　→　実体（定称）存在詞（独立語格の述定詞）

　　　　　………………………〔（'運動'＋ are）＋ ar〕＋ ar！

　　（注）もし仮に（'運動'＋ aro）＋ ar＋ ar の形をいわゆる動詞の命令形と
　　　　　ひとくくりにするときには、次のように、〝着る〟と〝切る〟とから
　　　　　は同じ形のものができます。

　　　　　　（'ki'＋ aro）＋ ar＋ ar　→　着ろ

　　　　　　（'kir'＋ aro）＋ ar＋ ar　→　切ろ…語としては用いられない。

《参考２》用法の違いにより生じる詞形成素材 aro 中の r 音の変化の例

　　着る→着ろ、着よ

　　見る→見ろ、見よ

　　上げる→上げろ、上げよ

　　考える→考えろ、考えよ

　　消える→消えろ、消えよ。

　　覚える→覚えろ、覚えよ。

　　植える→植えろ、植えよ。

　　運動を表す語に詞形成素材 aro を用いた〝'運動'＋ aro〟の形にさらに
詞形成素材 aru をつけて用いて〝（'運動'＋ aro ＋ aru）＋ ar ＋ ar〟の形
を作ることで、「運動概念の適用される運動が具体的な個物としてそれと特
定できる事物の実体に帰属するようにするという「話し手」の意志を表す形
で述定をする力の付与された述定詞」を作ることができます（以下、「運動
述定詞（意志形）」という）。この場合に、それが母音で終わる形で表記され

る運動をもととするものであるときには、詞形成素材 aro 中の r 音は j 音に
変わります。

《参考》

　　「着る」→('ki'＋aro＋aru)＋ar＋ar　→ kijou　→「着よう」

　　「切る」→('kir'＋aro＋aru)＋ar＋ar　→ kirou　→「切ろう」

活用形	表象詞	存在詞	述定詞
未然形 （注１）	（‘運動’＋ara）	―	―
連用形 （注２）	（‘運動’＋ari）＋ar 実体表象詞	［（‘運動’＋ari）＋ar］＋ar 実体存在詞 ［（‘運動’＋ari）＋ar］＋ar！ （独立語格の述定詞）	［（‘運動’＋ari）＋ar］＋ar 実体述定詞
終止形 （注３）	―	［（‘運動’＋aru）＋ar］＋ar 運動存在詞 ［（‘運動’＋aru）＋ar］＋ar！ （独立語格の述定詞）	（‘運動’＋aru）＋ar＋ar 運動述定詞
連体形 （注４）	（‘運動’＋aru）＋ar 運動表象詞	―	―
仮定形 （注５）	（運動表象＋are）＋ar 実体表象詞	［（‘運動’＋are）＋ar］＋ar 実体（定称）存在詞 ［（‘運動’＋are）＋ar］＋ar！ （独立語格の述定詞）	―
命令形 （注６）	―	―	（‘運動’＋aro）＋ar＋ar 運動述定詞（命令形）
意志形 （注７）	―	―	（‘運動’＋aro＋aru）＋ar＋ar 運動述定詞（意志形）

（注１）運動を表す語に詞形成素材 ara をつけて用いた形は、運動現象を何らかの表象として未だ把握できていないということを表します。そこで、表象としての把握ができないというそのありさまを表すために、意識的存在である属性と認識されることとなる属性を表す語‘ない’をそこにつけて用い、属性表象として把握する形が作られます。そして、それをもとに属性表象詞、属性存在詞、属性述定詞が作られます。

（注２）［（‘運動’＋ari）＋ar］＋ar の形は、運動を表す語が動詞〝あ

る〟のそれであり、かつ、漢字一字で表記されるときには、ありさま名詞である実体(総称)存在詞となります。

(注3) 運動を表す語に詞形成素材 aru をつけて用いた〝('運動' ＋ aru) ＋ ar〟の形を一つのまとまりとしてとらえて、そこに補助概念 ar を付加し〝[('運動' ＋ aru) ＋ ar] ＋ ar〟の形とすることで名詞である運動存在詞が作られます。また、〝('運動' ＋ aru) ＋ ar ＋ ar〟の形とすることで動詞である運動述定詞が作られます。運動存在詞であるものは、独立語格の述定詞としても用いられます。なお、運動存在詞と運動述定詞は、いわゆる動詞の終止形と言われるものに相当します。

(注4) 運動を表す語に詞形成素材 aru をつけて用い、〝('運動' ＋ aru) ＋ ar〟の形とすることで、運動表象詞が作られます。これは連体形と言われるものに相当します。

(注5) 運動を表す語に詞形成素材 are をつけて用いた形からは、うごき名詞である実体表象詞、実体(定称)存在詞が作られます。実体(定称)存在詞は独立語格の述定詞としても用いられます。なお、運動を表す語に詞形成素材 are をつけて用いた形は、そこに他の詞形成素材がさらにつけて用いられるときには、新たな運動を表す語となります。

(注6) 運動述定詞(命令形)は、母音で終わる形で表記される運動を表す語に詞形成素材 aro をつけて用いることにより作られます。なお、子音で終わる形で表記される運動を表す語をもとにする動詞のいわゆる命令形には、運動を表す語に詞形成素材 are をつけて用いて作られた実体(定称)存在詞である単語が独立語格の述定詞として用いられます。

(注7) 運動を表す語に詞形成素材 aro をつけて用いた形にさらに詞形成素材 aru をつけて用いること作られる運動述定詞(意志形)については、これまでは動詞の未然形と言われてきました。

(注8) なお、仮定形の欄以外の各欄にある運動を表す語には、〝'運動' ＋ are〟の形で表記されるものを含みます。

第五章

複合型動詞

　〝存在する〟という運動以外の任意の運動は、それを〝存在する〟という運動と結びつけることで、または、〝する〟という運動と結びつけることで、新たな運動としてとらえらえることができます。ただし、〝存在する〟という運動と結びつけることは、それぞれの運動を表す語を直に結びつけることで行うことができますが、〝する〟という運動とはそれぞれの運動を表す語を詞形成素材 ara を介して結びつけることで行うことになります。また、〝する〟という運動を結びつけてできる形には、それを一個結びつけたものと二個結びつけたものとがあります。

　そのようにして新たな運動としてとらえられた運動を表す語に詞形成素材 aru をつけて用いることで、その新たな運動により事物にもたらされる運動現象を、運動そのものの表象として把握することになります。そうした新たな運動としてとらえられた運動の運動表象をもとに作られる運動概念をその意味内容として表す動詞を、本書では複合型動詞と呼ぶこととします。

　複合型動詞は次のように分類されます。ただし、ここでは、表記の簡略化のために、動詞を作る際に付加される補助概念 ar を表記することは省略します。なお、参考のために、〝‘運動’＋ are〟の形で表される運動を表す語をもとにしてできる「える型の動詞」についても、それを一種の複合型動詞とみなし、併せて説明をすることとします。

　　①える型の動詞（例：着れる。切れる。）
　　　　‘運動’＋ are ＋ aru
　　②らる型の動詞（例：着らる。切らる。）
　　　　‘運動’＋‘ar’＋ aru
　　③られる型の動詞（例：着られる。切られる。）
　　　　‘運動’＋‘ar’＋ are ＋ aru
　　④す型の動詞（例：着す。切らす。）
　　　　‘運動’＋ ara ＋‘s’＋ aru
　　⑤せる型の動詞（例：着せる。切らせる。）

‘運動’＋ ara ＋‘s’＋ are ＋ aru
　⑥させる型の動詞（例：着させる。切らさせる。）
　　　‘運動’＋ ara ＋‘s’＋ ara ＋‘s’＋ are ＋ aru
　⑦せられる型の動詞（例：着せられる。切らせられる。）
　　　‘運動’＋ ara ＋‘s’＋ are ＋‘ar’＋ are ＋ aru
　⑧させられる型の動詞（例：着させられる。切らさせられる。）
　　　‘運動’＋ ara ＋‘s’＋ ara ＋‘s’＋ are ＋‘ar’＋ are ＋ aru

　さて、「える型の動詞」は、それが運動述定詞として用いられる際には、〝‘運動’＋ are〟の形で表される運動が運動の主体となりうる事物の実体に帰属するとされるときには他動詞とされ、「可能」を表します。運動の主体とはなりえない事物の実体に帰属するとされるときには自動詞とされます。

《参考》
　　私はこの糸をハサミで切れます。
　　この糸は自然に切れます。

　次に、「らる型の動詞」および「す型の動詞」は、現在の日本語では用いられません。このことは、〝存在する〟という運動以外の任意の運動に〝存在する〟という運動または〝する〟という運動を結びつけて新たな運動としてとらえるためには、それぞれの運動を表す語を相互に結びつけた形のものに詞形成素材 are をつけて用いることが現在では定着しているということを表しています。
　「られる型の動詞」では、〝‘運動’＋‘ar’〟の形を作ることで、もともとの運動（＝運動１）に〝存在する〟という意を付与し、そこに詞形成素材 are をつけて〝‘運動’＋‘ar’＋ are〟という形を作ります。その形は、詞形成素材 aru をつけて用いることで、新たな運動（＝運動２）としてとらえ直されます。そこで、「られる型の動詞」が運動述定詞として用いられる際には、運動１、運動２それぞれの帰属する実体を有する具体的な個物としての事物が同一であるかどうかが問題となります（ただし、運動１の帰属する実体

を有する事物については、それが文において明示されないことがあります)。運動1と運動2それぞれの帰属する実体を有する事物が同一である場合には、その実体を有する事物にとっての自発または可能の表現となります。とくに、それが「話し手」にとっての特別の人間であるときには、尊敬の表現となります。運動1と運動2それぞれの帰属することとなる実体を有する事物が異なる場合には、運動2の帰属先である実体を有する事物にとっての受身表現となります。そして、その具体的な個物である事物のいずれもが運動の主体となりうるものであるときには、運動2の帰属先である実体を有する事物にとってのいわゆる迷惑の受身の表現ということになります。

《参考》「られる型の動詞」の用例
　例文1　〝リンゴが食べられる〟
　　　　　　　食べられる→〝'tabe'＋'ar'＋are＋aru〟
　　　　　　　　運動1……'tabe'
　　　　　　　　運動を表す語'ar'による〝存在する〟の意の付与
　　　　　　　　　　　　　'tabe'＋'ar'→　'taber'
　　　　　　　　運動2……'taberare'
　　①帰属する実体を有する事物が同一の場合
　　　　私はリンゴが食べられる。…………運動1の帰属先→私
　　　　　　　　　　　　　　　　　　　運動2の帰属先→私……可能
　　　　あのお方はリンゴを食べられる。…運動1の帰属先→あのお方
　　　　　　　　　　　　　　　　　　　運動2の帰属先→あのお方…尊敬
　　②帰属する実体を有する事物が異なる場合
　　　　リンゴが食べられる。………………運動1の帰属先→(一)
　　　　　　　　　　　　　　　　　　　運動2の帰属先→リンゴ…受身
　　　　　　　　　　　　　　　　　　　運動2の帰属先→(一)　……可能
　　　　リンゴが私に食べられる。…………運動1の帰属先→私
　　　　　　　　　　　　　　　　　　　運動2の帰属先→リンゴ…受身

　例文2　〝故郷が思い出される〟

思い出される→〝'omoidas'＋'ar'＋are＋aru〟

　　　　運動1……'omoidas'

　　　　運動を表す語'ar'による〝存在する〟の意の付与

　　　　　　　　'omoidas'＋'ar'→'omoidasar'

　　　　運動2……'omoidasare'

　　故郷が思い出される。………運動1の帰属先……（－）

　　　　　　　　　　　　　運動2の帰属先……（－）……自発

例文3　〝私は母に死なれた。〟

　　　　死なれ→〝'sin'＋'ar'＋are＋ari〟

　　　　運動1……'sin'

　　　　運動を表す語'ar'による〝存在する〟の意の付与

　　　　　　　　'sin'＋'ar'→'sinar'

　　　　運動2……'sinare'

　　私は母に死なれた。………運動1の帰属先→母

　　　　　　　　　　　　運動2の帰属先→私

　　　　　　　　　　…受身（いわゆる迷惑の受身）

　　　（注）〝死なれ〟は、うごき名詞の実体述定詞

　　なお、上記したように、「られる型の動詞」の場合には、その動詞で表される運動1と運動2それぞれが運動の主体となりうる同一の具体的な個物としての事物の実体に帰属するときには、「可能」を表す表現となります。一方、「える型の動詞」の場合には、それを他動詞として用いるときには、運動は運動の主体となりうる事物の実体に帰属することとなり、「可能」を表す表現となります。したがって、どちらの形でも表現されていることは同じということになります。最近、可能を表す表現の際に、いわゆる〝ら抜き言葉〟の使用が多くみられるのは、このためです。

《参考》ら抜き言葉

　　着られる…'ki'＋'ar'＋are＋aru　……運動1…'kir'。

運動２…'kirare'。

　　私は和服が着られる。…… 運動１および運動２の帰属先→私…可能

　着れる……'ki'＋are＋aru→運動 'kire'

　　私は和服が着れる。……可能

　切られる…'kir'＋'ar'＋are＋aru……運動１…'kirar'。

運動２…'kirare'

　　私はこの糸をハサミで切られる。

……運動１および運動２の帰属先→私……可能

　切れる…… 'kir'＋are＋aru→運動 'kire'

　　私はこの糸をハサミで切れる。……可能

「せる型の動詞」の動詞の場合には、もともとの運動（＝運動１）を表す語に詞形成素材 ara を介して〝する〟という運動を結びつけます。そこに詞形成素材 are をつけて〝'運動'＋ara＋'s'＋are〟の形を作ることで新たな運動（＝運動２）としてとらえ直します。運動を表す語 's' は運動１に「許容」または「使役」の意を付与するはたらきを担います。「せる型の動詞」が運動述定詞として用いられる際には、運動１と運動２それぞれの帰属する実体を有する事物が同じときには「話し手」による許容の表現となり、異なるときには「話し手」による運動１の帰属する実体を有する事物に対する使役の表現となります。

「させる型の動詞」の場合には、もともとの運動（＝運動１）の運動を表す語に詞形成素材 ara を介して運動 's' をつけたものに詞形成素材 ara を介して運動 's' をつけ、そこにさらに詞形成素材 are をつけて用いた〝運動＋ara＋'s'＋ara＋'s'＋are〟の形を作ることで、新たな運動（＝運動２）としてのとらえ直しが行われます。運動を表す語 's' の一つ目のものは運動１に〝〜する「こと」〟の意を付与するはたらきを、二つ目のものは運動１に「許容」または「使役」の意を付与するはたらきを担います。したがって、

「させる型の動詞」が運動述定詞として用いられる際には、運動１の帰属する実体を有する事物と運動２の帰属する実体を有する事物とは異なることになります。そして、運動２の帰属する実体を有する事物による、運動１の帰属する実体を有する具体的な個物としての事物に対する許容または使役の表現となります。

《参考》
「せる型の動詞」の用例
　　私はあの男に服を着せる。私はあの男に木の板を切らせる。
　　　　運動１……'ki'
　　　　　　　　　'kir'
　　　　運動を表す語 's' による「許容」または「使役」の意の付与
　　　　　　……'ki'+ara+'s'　→　'kis'
　　　　　　　　'kir'+ara+'s'　→　'kiras'
　　　　運動２……'ki'+ara+'s'+are　→　'kise'
　　　　　　　　　'kir'+ara+'s'+are　→　'kirase'
　　　　運動の帰属先
　　　　　　………運動１の帰属先→あの男
　　　　　　　　運動２の帰属先→あの男……　許容
　　　　　　　　運動２の帰属先→私　　……　使役

「させる型の動詞」の用例
　　私はあの男に服を着させる。私はあの男に木の板を切らさせる。
　　　　運動１……'ki'
　　　　　　　　　'kir'
　　　　運動を表す語 's' による 〝〜する「こと」〟の意の付与
　　　　　　……'ki'+ara+'s'　→　'kis'
　　　　　　　　'kir'+ara+'s'　→　'kiras'
　　　　運動を表す語 's' による「許容」または「使役」の意の付与
　　　　　　……'ki'+ara+'s'+ara+'s'　　　　→　'kisas'

　　　　　　　　'kir'+ara+'s'+ara+'s'　→　'kirasas'

運動2……'ki'+ara+'s'+ara+'s'+are　→　'kisase'

　　　　　　　　'kir'+ara+'s'+ara+'s'+are　→　'kirasase'

運動の帰属先

　　……運動1の帰属先→あの男

　　　　運動2の帰属先→私……許容

　　　　運動2の帰属先→私……使役

「せられる型の動詞」は「せる型の動詞」を、「させられる型の動詞」は「させる型の動詞」を、それぞれもとにして作られた形のものとなります。「せられる型の動詞」で例示的に示せば、もともとの運動（＝運動1）、運動1の運動を表す語に〝する〟という運動を結びつけて〝'運動'＋ara＋'s'〟の形を作ることにより〝〜する「こと」〟の意を付与し、そこに詞形成素材areをつけて用いたものにさらに〝存在する〟という運動を結びつけたうえで詞形成素材areをつけることで、それぞれの運動を表す語が〝'運動'＋ara＋'s'＋are〟の形で表される新たな運動2、〝'運動'＋ara＋'s'＋are＋'ar'＋are〟の形で表される運動3という三つの運動が取り上げられることになります。そして、以下の参考に示すような形で用いられます。

《参考》

「せられる型の動詞」の用例

　　私はあの男に服を着せられる。私はあの男に木の板を切らせられる。

　　　　運動1……'ki'

　　　　　　　　'kir'

　　運動を表す語's'による「許容」または「使役」の意の付与

　　　　……'ki'+ara+'s'→ 'kis'

　　　　　　'kir'+ara+ 's'　→ 'kiras'

　　運動2……'ki'+ara+'s'+are　→　'kise'

　　　　　　'kir'+ara+'s'+are　→　'kirase'

　　運動を表す語'ar'による〝存在する〟の意の付与

　　　　　　　……'ki'+ara+'s'+are+'ar'　→　'kiser'

　　　　　　　　'kir'+ara+'s'+are+'ar'　→　'kiraser'

　運動3……'ki'+ara+'s'+are+'ar'+are　→　'kiserare'

　　　　　　　'kir'+ara+'s'+are+'ar'+are　→　'kiraserare'

　運動の帰属先

　　　　……運動1の帰属先→あの男

　　　　　　運動2の帰属先→私……許容または使役

　　　　　　運動3の帰属先→私……可能

　　　　……運動1の帰属先→私

　　　　　　運動2の帰属先→あの男……使役

　　　　　　運動3の帰属先→私……受身

「させられる型の動詞」の場合

　　私はあの男に服を着させられる。私はあの男に木の板を切らさせられる。

　　運動1……'ki'

　　　　　　　　'kir'

　　運動を表す語's'による〝する「こと」〟の意の付与

　　　　　　……'ki'+ara+'s'→　'kis'

　　　　　　　　'kir'+ara+'s'→　'kiras'

　　運動を表す語's'による「許容」または「使役」の意の付与

　　　　　　……'ki'+ara+'s'+ara+'s'　→　'kisas'

　　　　　　　　'kir'+ara+'s'+ara+'s'　→　'kirasas'

　　運動2……'ki'+ara+'s'+ara+'s'+are　→　'kisase'

　　　　　　　'kir'+ara+'s'+ara+'s'+are　→　'kirasase'

　　運動を表す語'ar'による〝存在する〟の意の付与

　　　　　　……'ki'+ara+'s'+ara+'s'+are+'ar'→　'kisaser'

　　　　　　　　'kir'+ara+'s'+ara+'s'+are+'ar'→　'kirasaser'

　　運動3……'ki'+ara+'s'+ara+'s'+are+'ar'+are→　'kisaserare'

　　　　　　　'kir'+ara+'s'+ara+'s'+are+'ar'+are→　'kirasaserare'

　　　運動の帰属先

………運動 1 の帰属先→あの男

　　　運動 2 の帰属先→私……許容または使役

　　　運動 3 の帰属先→私……可能

………運動 1 の帰属先→私

　　　運動 2 の帰属先→あの男……使役

　　　運動 3 の帰属先→私……受身

第六章

ar音の重複・母音連結の解消ルール

　運動を表す語に詞形成素材 ara、ari、aru、are、aro をつけて用いることで、事物と運動とを関係付けて現象を事物の実体に帰属する運動のもたらす運動現象ととらえ、その運動現象を実体、属性、運動いずれかの表象として把握することが行われます。また、〝存在する〟という運動以外の任意の運動に〝存在する〟という運動を結びつけて新たな運動としてとらえることが運動を表す語 'ar' を用いて行われます。そのため、一つの詞を作ることに多くの ar 音が関わることで、ar 音が重複したり母音連結が生じたりします。そこで、ar 音の重複や母音連結による煩わしさや複雑さを避けるために、次のような規則性のある脱落が起こります。

a) 運動を表す語に詞形成素材をつけて用いる場合

　　運動を表す語に詞形成素材 ara および ari がつけて用いられる際には、まず、詞形成素材中の ar 音が脱落します。その脱落に伴い母音連結が生じるときには、詞形成素材中の母音が脱落します。したがって、母音で終わる形で表記される運動を表す語につけて用いられる詞形成素材 ari および ara は、すべて脱落することになります。

　　詞形成素材 aru、are および aro がつけて用いられる際には、運動を表す語が母音で終わる形で表記されるものであるときには詞形成素材中の a 音のみが、子音で終わる形で表記されるものであるときには詞形成素材中の ar 音が、脱落します。

b) 運動を表す語に詞形成素材 are のついた形を新たな運動を表す語と見なし、そこにさらに詞形成素材をつけて用いる場合

　　運動を表す語につけて用いられる詞形成素材 are に関しては、まず、運動を表す語が母音で終わる形で表記されるものであるときには are 中の a 音が脱落し、子音で終わる形で表記されるものであるときには are 中の ar 音が脱落します。できた形は、そこにさらに他の詞形成素材をつけて用いる際には、母音で終わる形で表記される運

動を表す語として扱われます。したがって、そこに詞形成素材 ari
または ara がつけて用いられるときには、そのすべてが脱落し、詞
形成素材 aru、are および aro がつけて用いられるときには、その
詞形成素材中の a 音のみが脱落します。

c）〝存在する〟という運動以外の任意の運動に〝存在する〟または〝す
る〟という運動の結びついた新たな運動の運動を表す語に詞形成素材
are をつけて用い、そこにさらに詞形成素材をつけて用いる場合

　　まず、〝存在する〟という運動の結びついた新たな運動の運動を
表す語は、任意の運動の運動を表す語が母音で終わる形で表記され
るものである場合には、〝存在する〟という運動の運動を表す語 'ar'
中の a 音が脱落します。そして、そこにつけて用いられる詞形成素
材 are は、その形のままで残ります。一方、任意の運動の運動を表
す語が子音で終わる形で表記されるものである場合には、運動を表
す語 'ar' 中の ar 音はそのまま残ります。そして、そこにつけて用
いられる詞形成素材 are 中の ar 音が脱落します。これに対し、〝す
る〟という運動の結びついた新たな運動の場合には、〝する〟という
運動を表す語が 's' と子音で終わる形で表記されるものであるので、
そこにつけて用いられる詞形成素材 are 中の ar 音が脱落します。そ
の結果、いずれの場合にも、母音で終わる形で表記される運動を表
す語ができます。したがって、そこにつけて用いられる詞形成素材
ari および ara に関してはすべてが脱落します。詞形成素材 aru、
are および aro に関しては、詞形成素材中の a 音のみが脱落します。

d）運動を表す語に詞形成素材 aro をつけて用い、そこにさらに詞形成素
材 aru をつけて用いる場合

　　運動を表す語に詞形成素材 aro をつけて用いる場合には、まず、運
動を表す語が母音で終わる形で表記されるものであるときには詞形
成素材 aro 中の a 音が脱落します。子音で終わる形で表記されるも
のであるときには ar 音が脱落します。そうしてできる形につけて用

　　いられる詞形成素材 aru からは ar 音が脱落します。
　　なお、母音で終わる形で表記される運動を表す語につく詞形成素材
aro 中の a 音が脱落した際に残ることとなる r 音は j 音に変わります。

以上に述べてきたことをまとめて示せば、以下のようになります

　着る………'ki' + ara、ari、aru、are、aro → 'ki' + -、-、ru、re、ro
　　　　　　　　　　　　　　　　　　　　　着、着、着る、着れ、着ろ
　　　　　'ki' + aro + aru → kijou……着よう。
　切る………'kir' + ara、ari、aru、are　　　→ 'kir' + a、i、u、e
　　　　　　　　　　　　　　　　　　切ら、切り、切る、切れ
　　　　　'kir' + aro + aru → kirou……切ろう。
　着れる……('ki' + are)　→　'ki-re' →　'kire'
　　　　　'kire' + ara、ari、aru、are、aro → 'kire' + -、-、ru、re、ro
　　　　　　　　　　　　　　着れ、着れ、着れる、着れれ、着れろ
　　　　　'kire' + aro + aru → kirejou……着れよう。
　切れる……('kir' + are)　→　'kir-e' →　'kire'
　　　　　'kire' + ara、ari、aru、are、aro → 'kire' + -、-、ru、re、ro
　　　　　　　　　　　　　　切れ、切れ、切れる、切れれ、切れろ
　　　　　'kire' + aro + aru　→ kirejou……切れよう
　着られる…('ki' + 'ar' + are) → 'ki-r-are' → 'kirare'
　　　　→'kirare'+ara、ari、aru、are、aro→'kirare' +-、-、ru、re、ro
　　　　　　　　　　　　着られ、着られ、着られる、着られれ、着られろ
　　　　→ 'kirare' + aro + aru → kirarejou……着られよう
　切られる…('kir' + 'ar' + are) → 'kir-ar-e' → 'kirare'
　　　　→'kirare'+ara、ari、aru、are、aro→'kirare'+-、-、ru、re、ro
　　　　　　　　　　　　切られ、切られ、切られる、切られれ、切られろ
　　　　→ 'kirare' + aro + aru　→ kirarejou……切られよう

なお、運動を表す語に詞形成素材 are のついた形には、「うごき」を表す

実体表象として把握されるものである場合と、そこにさらに詞形成素材がつけて用いられて新たな運動を表すことに用いられるものとなる場合とがあります。「うごき」を表す実体表象として把握されるものである場合には、それをもとにしたうごき名詞が作られます。そして、新たな運動を表すこととなる場合にも、〝'運動'＋are〟の形に詞形成素材 ari または are をつけて用いることで、うごき名詞が作られます。そして、この二つのうごき名詞は同じ表記のなされるものとなります。

① 〝'運動'＋are〟の形を「うごき」としてとらえる場合
　　　〝着る〟の場合　'ki'＋are　→（kire）→〝着れ〟…うごき名詞
　　　〝切る〟の場合　'kir'＋are　→（kire）→〝切れ〟…同上
② 〝'運動'＋are〟の形に詞形成素材をつけて用いることで、新たな運動を表す語としてとらえる場合
　　　〝着る〟の場合
　　　'ki'＋are → 'kire'
　　　　　　　　　→ 'kire'＋aru → kireru〝着れる〟…動詞
　　　　　　　　　→ 'kire'＋ari →（kire）〝着れ〟…うごき名詞
　　　　　　　　　→ 'kire'＋are →（kirere）〝着れれ〟…うごき名詞
　　　〝切る〟の場合
　　　'kir'＋are → 'kire'
　　　　　　　　　→ 'kire'＋aru → kireru〝切れる〟…動詞
　　　　　　　　　→ 'kire'＋ari →（kire）〝切れ〟…うごき名詞
　　　　　　　　　→ 'kire'＋are →（kirere）〝切れれ〟…うごき名詞

　このように、〝着れ〟と〝切れ〟といううごき名詞には、その意味するところの違う同じ表記の二つのものがあるということになります。このうち、①のものは仮定の動きを表すうごき名詞、②のものは真正のうごきを表すうごき名詞と言うことができます。

《参考》

　①のものの例　「着れ」ば着られる。「切れ」ば切れる。

　　　　　　　　　「切れ！」

　②のものの例　「着れ」ます。「切れ」ます。

　　　　　　　　〈切れ〉味、〈切れ〉端、端「切れ」、歯「切れ」

　　　　　　　　「切れ」がよい。

（補注）変格活用について

　　　　古代日本語では母音調和の現象が見られ、母音が次の三つのグ
　　　　ループに分けて使い分けられていたとされます。

　　　　　　陽性母音　ａ　ｕ　ｏ甲
　　　　　　陰性母音　ｏ乙
　　　　　　中性母音　ｉ甲

　　　　そして、オ段乙類音は同じ語の中でオ段甲類音・ウ段音・ア段音
　　　　と共存することがなく、中性母音は陽性母音・陰性母音いずれと
　　　　も単語を構成したとされています。さらに、ia音の組み合わせ
　　　　でｅ甲音が、ui音の組み合わせでｉ音ができたとされます（以上、
　　　　沖森卓也著「日本語全史」ちくま新書2017年、橋本進吉著「古
　　　　代国語の音韻に就いて」岩波書店2019年による）。
　　　　カ音が陰性母音ｏ乙を用いてkwoと発音され、ｓ音がsaまたは
　　　　siと発音されていたとすれば、〝来〟または〝為(す)〟という動
　　　　詞の語幹である語に詞形成素材がつくことによって、カ行変格活
　　　　用およびサ行変格活用の生じることは容易に想像することがで
　　　　きます。

第七章

形容詞 〝ない〟について

　いわゆる動詞の未然形、すなわち、〝'運動'＋ara〟の形は、運動を事物と関係付けはしたが、運動現象が何の表象であるかは未だ把握できていないということを表します。そこで、そこに形容詞〝ない〟のもととなる属性を表す語である'ない'をつけて用いることで、把握できていないというそのありさまを属性表象として把握することになります。そして、同様の属性表象をもたらすものを一般化して意識的存在と認識してその存在を認知するという形を作ることで、〝～ない〟という形の形容詞が作られます。

　形容詞〝ない〟が〝存在しない〟ということを表す詞であるところから、形容詞〝ない〟について考えるときには、動詞〝ある〟の用いられ方について考えてみる必要があります。動詞〝ある〟には、①事物の存在を認識するという意を表す、②状態の存在や存続を認識するという意を表す、③指定の意を表す、という三つの用いられ方があります。さらに詳しく見れば、①の意を表すものは、〝が「ある」〟の形で普通名詞または形容性名詞である単語とともに、〝で「ある」〟の形で普通名詞である単語とともに用いられる、②の意を表すものは形容性名詞である単語とともに用いられる、③の意を表すものは普通名詞である単語とともに用いられるということが分かります。さらに、②および③の意を表すものとして用いた〝実体（定称）存在詞＋で「ある」〟の形は、実際には用いられず、それに代えて、〝実体述定詞＋だ〟の形が用いられるということが分かります。

《参考》動詞〝ある〟の三つの用例
　・事物の存在を認識するという意を表すもの
　　　この男には大きな「夢」がある。
　　　　　←「夢」…普通名詞の実体（総称）存在詞である単語
　　　この男には先生になるという「夢」がある。
　　　　　←「夢」…普通名詞の実体（定称）存在詞である単語
　　　この国には「平和」がある。
　　　　　←「平和」…形容性名詞の実体（定称）存在詞である単語

あの男には「元気」がある。
　　　　　←「元気」…形容性名詞の実体(定称)存在詞である単語
この発表会は「講堂」である。
　　　　　←「講堂」…普通名詞の実体(定称)存在詞である単語

・状態の存在や存続を認識するという意を表すもの
「平和」であるこの国
　　　　　←「平和」…形容性名詞の実体(総称)存在詞である単語
「元気」であるこの男
　　　　　←形容性名詞の実体(総称)存在詞である単語
この国は「平和」だ。(←この国は「平和」である。)
　　　　　←「平和」…形容性名詞の実体述定詞である単語
あの男は「元気」だ。(←あの男は「元気」である。)
　　　　　←「元気」…形容性名詞の実体述定詞である単語

・指定の意を表すもの
大切なものは「家族」である。
　　　　　←「家族」…普通名詞の実体(総称)存在詞である単語
大切であるものは「家族」だ。(←大切であるものは「家族」である。)
　　　　　←「家族」…普通名詞の実体述定詞である単語
保つべきものは「名誉」である。
　　　　　←「名誉」…普通名詞の実体(総称)存在詞である単語
保つべきであるものは「名誉」だ。(←保つべきであるものは「名誉」
　　　　　　　　　　　　　　　　　　　　である。)
　　　　　←「名誉」…普通名詞の実体述定詞である単語

　属性を表す語 'ない' には、先に述べたように、それをもとに内在的属性
概念の作られることとなるものと偶有的属性概念の作られることとなるもの
とがあります。したがって、運動を表す語 'ar' と属性を表す語 'ない' との

詞形成素材 ara を介しての結びつき方には、動詞〝ある〟をどのような意を表すものとして用いるかをもとに、次の六つがあると言うことができます。

　　存在を認識するという意を表すものとして用いる場合
　　　①‘ar’＋ara＋‘ない(内)’
　　　②‘ar’＋ara＋‘ない(偶)’
　　状態の存在や存続を認識するという意を表すものとして用いる場合
　　　③‘ar’＋ara＋‘ない(内)’
　　　④‘ar’＋ara＋‘ない(偶)’
　　指定の意を表すものとして用いる場合
　　　⑤‘ar’＋ara＋‘ない(内)’
　　　⑥‘ar’＋ara＋‘ない(偶)’

　まず、①の形は、事物の実体に〝存在する〟という運動の帰属することでもたらされる運動現象がそもそも存在しないというありさまを、属性表象として把握することを表します。同様の属性表象をもたらすものを一般化して意識的存在である属性と認識しその存在を認知するという形を作ることで、内在的属性概念をその意味内容として表す属性表象詞〈ない(内)〉を作ることができます。しかし、事物の実体に依存して付帯的にあることで属性表象をもたらすこととなるはずの属性がそもそも存在しないので、その属性表象詞の形をもとに属性存在詞を作ったり属性述定詞を作ったりすることは、できません。内在的属性概念を表すこととなる属性を表す語‘ない’を用いた③および⑤の形からは、それをもとにして詞が作られるということはありえません。
　なお、①の形から作られる表象詞は、それを事物そのものが存在しないというありさまをとらえて表す実体表象詞〈ない(内)〉とみなすことで、概念そのものの表記にも用いられます。その実体表象詞からは実体(総称)存在詞であるありさま名詞を作ることができます。
　次に、②の形は、事物の実体に〝存在する〟という運動の帰属することでもたらされる運動現象が具体的な個物としてそれと特定できる事物にたまた

まないというありさまを、属性表象として把握することになります。したがって、属性表象をもたらすこととなるはずのその事物そのものがたまたま存在しないというありさまを表すことにもなります。同様の属性表象をもたらすものを一般化して意識的存在である属性と認識しその存在を認知するという形を作ることで、偶有的属性概念をその意味内容として表す属性表象詞〈ない(偶)〉を作ることができます。また、その属性表象詞の形をもとに、属性存在詞を作ることができます。さらに、意識的存在であると認識された属性の存在を認知すると同時にその認知されたものの存在を認知するという形を作ることにより、属性述定詞を作ることができます。なお、②の形から作られる属性存在詞は、実体(定称)存在詞ということになります。そして、独立語格の述定詞としても用いられます。

　意識的存在である偶有的属性と認識されることとなる属性を表す語'ない'を用いた④および⑥の形からは、同様にして属性表象詞および属性述定詞を作ることができます。ただし、属性存在詞を作ることはできません。

　これらの形から作られる詞の表記は、正確には〝あらない〟となるはずですが、ありさま名詞であるものが漢字一文字で〝無〟と表記される以外は、いずれも〝ない〟または〝無い〟と表記されます。

　属性表象詞または属性述定詞である形容詞〝ない〟の用法は、次のようになります。

　1）①の形から作られる属性表象詞〈ない(内)〉は、単独で用いられることはありません。実体(総称)存在詞に辞〝の〟のついた形につけて実体(総称)存在詞である単語の修飾に用いられます。さらに、〝～く〟の形の副詞に辞〝は〟をつけて用いたもの、または、実体(総称)存在詞に辞〝で〟のついた形に辞〝は〟をつけて用いたものにつけて、実体(総称)存在詞である単語の修飾に用いられます。

　2）②の形から作られる属性表象詞〈ない(偶)〉は、単独で、または、〝～く〟の形の副詞、もしくは実体(定称)存在詞に辞〝で〟のついた形に辞〝は〟をつけて用いて〝～くは〟、〝～では〟の形としたも

のにつけて、実体(定称)存在詞である単語の修飾に用いられます。
④および⑥の形から作られる属性表象詞〈ない(偶)〉は、〝～く〟
の形の副詞、または、実体(定称)存在詞に辞〝で〟のついた形に
つけて、実体(定称)存在詞である単語の修飾に用いられます。

3)　②の形から作られる属性述定詞「ない(偶)」は、実体(総称)存在
　　詞に辞〝で〟を介して辞〝は〟をつけて用いたものにつけて、実
　　体(総称)存在詞に辞〝は〟のついた形のものとともに用いることで、
　　総称命題文を作ることに用いられます。また、実体(定称)存在詞
　　に辞〝は〟をつけた形のものとともに用いることで、断定をする
　　形で述べる述定文(以下、「断定文」という)を作ることに用いら
　　れます。

4)　さらに、②の形から作られる属性述定詞「ない(偶)」は、実体(定称)
　　存在詞に辞〝は〟または辞〝が〟のついた形のものを用いた文中
　　において単語一語で用いられて、断言をする形で述べる述定文(以
　　下、「断言文」という)を作ります。また、実体(定称)存在詞に辞〝は〟
　　のついた形のものを用いた文中において、〝～く〟の形の副詞に辞
　　〝は〟をつけた〝～くは〟の形、もしくは、実体(定称)存在詞に辞
　　〝で〟を介して辞〝は〟をつけた〝～では〟の形につけて用いられて、
　　断定文を作ります。

5)　④および⑥の形から作られる属性述定詞「ない(偶)」は、実体(定称)
　　存在詞に辞〝は〟または辞〝が〟のついた形のものを用いた文中
　　において〝～く〟の形の副詞、もしくは、実体(定称)存在詞に辞〝で〟
　　のついた形につけて用いられて、断言文を作ります。

《参考》形容詞〝ない〟および〝～ない〟の用い方
　属性表象詞〈ない(内)〉の用い方
→実体(総称)存在詞である単語の修飾に用いる。
　　……実体(総称)存在詞に辞〝の〟ついた形につけて用いる。

「実力」の〈ない(内)〉「人」

        ←「実力」、「人」いずれも実体(総称)存在詞

……〝～く〟の形の副詞に辞〝は〟をつけて用いたもの、または、実体(総称)存在詞に辞〝で〟のついた形に辞〝は〟をつけて用いたものにつけて用いる。

    美しくは〈ない(内)〉「花」

        ←「花」実体(総称)存在詞

    「元気」では〈ない(内)〉「男」

        ←「元気」、「男」いずれも実体(総称)存在詞

    「猫」では〈ない (内)〉「動物」

        ←「猫」、「動物」いずれも実体(総称)存在詞

属性表象詞〈ない(偶)〉の用い方

→実体(定称)存在詞である単語の修飾に用いる。

    ……単独で用いる。

      〈ない(偶)〉「袖」は「振れない」。

        ←「袖」実体(定称)存在詞

……〝～く〟の形の副詞または実体(定称)存在詞に辞〝で〟のついた形に辞〝は〟をつけて用いて〝～くは〟、〝～では〟の形としたものにつけて用いる。

    美しくは〈ない(偶)〉この「花」

        ←「花」は実体(定称)存在詞

    「元気」では〈ない(偶)〉この「男」

        ←「元気」、「男」はいずれも実体(定称)存在詞

    「教師」では〈ない(偶)〉この「男」

        ←「教師」、「男」はいずれも実体(定称)存在詞

……〝～く〟の形の副詞または実体(定称)存在詞に辞〝で〟のついた形につけて用いる。

    美しく〈ない(偶)〉この「花」

        ←「花」は実体(定称)存在詞

「元気」で〈ない(偶)〉この「男」
　　　　　　←「元気」、「男」はいずれも実体(定称)存在詞
うちの「猫」で〈ない(偶)〉この「猫」
　　　　　　←「猫」は実体(定称)存在詞

属性存在詞「ない(偶)」の用い方
　……実体(定称)存在詞として用いる。
　　「ない(偶)」に等しい。
　……実体(定称)存在詞(独立語格の述定詞)として用いる。
　　「ない(偶)！」

属性述定詞「ない(偶)」の用い方
　……実体(総称)存在詞に辞〝で〟を介して辞〝は〟をつけて用いたも
　　のにつけて、実体(総称)存在詞に辞〝は〟をつけた形のものとと
　　もに用いることで、総称命題文を作る。
　　「猫」は「植物」では「ない(偶)」。
　　　　　　←「猫」、「植物」はいずれも実体(総称)存在詞
　……実体(総称)存在詞に辞〝で〟を介して辞〝は〟をつけて用いたも
　　のにつけて、実体(定称)存在詞に辞〝は〟のついた形のものとと
　　もに用いることで、断定文を作る。
　　うちの「猫」は「三毛猫」では「ない(偶)」。
　　　　　　　←「猫」実体(定称)存在詞
　　　　　　　「三毛猫」実体(総称)存在詞
　……実体(定称)存在詞に辞〝は〟または辞〝が〟のついた形のものを
　　用いた文中において単語一語で用いることで、断言文を作る。
　　その「問題」は「ない(偶)」。
　　　　　　　←「問題」は実体(定称)存在詞
　　その「問題」が「ない(偶)」。
　……〝～く〟の形の副詞または実体(定称)存在詞に辞〝で〟のついた
　　形に辞〝は〟をつけて用いて〝～くは〟、〝～では〟の形としたも

のにつけて、実体(定称)存在詞に辞〝は〟のついた形のものを用いた文中において用いることで、断定文を作る。

　　この「猫」はうちの「猫」では「ない(偶)」。

　　この「花」は美しくは「ない(偶)」。

　　この「猫」は「元気」では「ない(偶)」。

　　この「猫」は「三毛猫」では「ない(偶)」。

……〝～く〟の形の副詞または実体(定称)存在詞に辞〝で〟のついた形のものにつけて、実体(定称)存在詞に辞〝は〟または辞〝が〟のついた形のものを用いた文中において用いることで、断言文を作る。

　　この「花」は美しく「ない(偶)」。

　　この「花」が美しく「ない（偶)」。

　　この「猫」は「元気」で「ない(偶)」。

　　この「猫」が「元気」で「ない(偶)」。

　　この「猫」はうちの「猫」で「ない(偶)」。

　　この「猫」がうちの「猫」で「ない(偶)」。

　さて、次に、動詞〝ある〟以外の動詞の未然形のことについても考えてみることにします。これまでの日本語文法では、動詞の未然形からは、そこに助動詞〝ない〟、〝ぬ〟または〝ず〟がつけて用いられることで、ある動作・状態の存在の否定の意を表す打消しの表現が作られるとされています。

　動詞〝着る〟および〝切る〟を例に取り上げて説明をすれば、打消しの表現としては、動詞〝着る〟からは〝着ない〟、〝着ぬ〟、〝着ず〟が作られ、動詞〝切る〟からは〝切らない〟、〝切らぬ〟、〝切らず〟が作られるということになります。

　これらの詞のうち、〝～ぬ〟の形のものは、属性を表す語‘ない’に代わるものとして、属性を表す語‘ぬ’が〝‘運動’＋ara〟の形につけて用いられたものと考えられます（注)。そこで、属性表象詞または属性存在詞が作られます。また、属性述定詞も作られます。当然のことながら、いずれも偶

有的属性を表す詞となります。

　　（注）室町時代以降、三河・尾張を境に西では〝ぬ〟、東では〝ない〟が用い
　　　　られるようになった（広辞苑）。

　〝～ず〟の形のものは、上代に〝知らにす〟という形の打ち消しの意を表す
表現形があり、その〝にす〟が約まって〝ず〟となったと考えられています
（「古語大辞典」小学館）。したがって、本書では、〝～ず〟の形は運動存在詞
とみなすこととします。
　以上をまとめれば、形容詞の〝ない〟および〝～ない〟並びに〝～ぬ〟お
よび〝～ず〟は、次のように分類されることになります。

実体表象詞　　〈ない〉。
属性表象詞　　〈ない〉、〈あらぬ〉。〈着ない〉、〈切らない〉、〈着ぬ〉、〈切らぬ〉。
ありさま名詞　「無」……実体(総称)存在詞
属性存在詞……実体(定称)存在詞・独立語格の述定詞
　　　　　　　「ない」、「あらぬ」。
　　　　　　　「着ない」、「切らない」。「着ぬ」、「切らぬ」。
運動存在詞……実体(定称)存在詞・独立語格の述定詞
　　　　　　　「あらず」、「着ず」、「切らず」
属性述定詞　　「ない」。「着ない」、「切らない」。「着ぬ」、「切らぬ」。

《参考》 〝'運動'＋ara＋'ない'〟の形をもとにしてできる詞

'運動'	＋ara＋'ない（内）'		＋ara＋'ない（偶）'	
'ar'	実体表象詞〈ない〉 …概念の表記にのみ用いる		実体表象詞　　　—	
	属性表象詞〈ない〉 …内在的属性概念を表す		属性表象詞〈ない〉、〈あらぬ〉 …偶有的属性概念を表す	
	実体（総称）存在詞「無」 ……ありさま名詞		実体（総称）存在詞　　　—	
	属性存在詞　　　—		属性存在詞　「ない」、「あらぬ」 「ない！」、「あらぬ！」	
	運動存在詞　　　—		運動存在詞　「あらず」 「あらず！」	
	属性述定詞　　　—		属性述定詞　「ない」	
'ki' 'kir'	属性表象詞　　　—		属性表象詞　〈着ない〉、〈切らない〉 〈着ぬ〉、〈切らぬ〉	
	属性存在詞　　　—		属性存在詞　「着ない」、「切らない」 「着ない！」、「切らない！」 「着ぬ」、「切らぬ」 「着ぬ！」、「切らぬ！」	
	運動存在詞　　　—		運動存在詞　「着ず」、「切らず」 「着ず！」、「切らず！」	
	属性述定詞　　　—		属性述定詞　「着ない」、「切らない」 「着ぬ」、「切らぬ」	

別表４．名詞、形容詞、動詞のまとめ

名詞
　・実体表象詞……（実体）＋ ar
　　　　　　　　　（‘運動’＋ ari）＋ ar
　　　　　　　　　（‘運動’＋ are）＋ ar
　　　　　　　　　（‘ar’＋ ari）＋ ar……概念の表記　「有」
　　　　　　　　　（‘ar’＋ ara ＋‘ない(内)’）＋ ar ……概念の表記「無」

　・実体存在詞……［（実体）＋ ar］＋ ar
　　　　　　　　　［（‘ar’＋ ari）＋ ar］＋ ar ……ありさま名詞「有」、「在」
　　　　　　　　　［（‘ar’＋ ara ＋‘ない(内)’）＋ ar］＋ ar
　　　　　　　　　　　　　　　　　　　　……ありさま名詞「無」
　　　　　　　　　［（‘運動’＋ ari）＋ ar］＋ ar ……うごき名詞
　　　　　　　　　［（‘運動’＋ are）＋ ar］＋ ar ……同上
　　　　　　　　　　（ただし、実体(定称)存在詞としてのみ用いられる）
　　　　　　　　　［（実体）＋ ar］＋ ar ！
　　　　　　　　　　　　　　　　　　　　……独立語格の述定詞
　　　　　　　　　［（‘運動’＋ ari）＋ ar］＋ ar ！
　　　　　　　　　　　　　　　　　　　　……独立語格の述定詞
　　　　　　　　　［（‘運動’＋ are）＋ ar］＋ ar ！
　　　　　　　　　　　　　　　　　　　　……独立語格の述定詞
　　　　　　　　　　（子音で終わる形で表記されるものに限られる）

　・属性存在詞……［（属性(偶)）＋ ar］＋ ar
　　　　　　　　　［（‘運動’＋ ara ＋‘ない(偶)’）＋ ar］＋ ar
　　　　　　　　　［（属性(偶)）＋ ar］＋ ar ！……独立語格の述定詞
　　　　　　　　　［（‘運動’＋ ara ＋‘ない(偶)’）＋ ar］＋ ar ！
　　　　　　　　　　　　　　　　　　　　……独立語格の述定詞

・運動存在詞……［('運動'＋aru)＋ar］＋ar

　　　　　　　　　［('運動'＋aru)＋ar］＋ar！……独立語格の述定詞

・実体述定詞……［(実体)＋ar］＋ar

　　　　　　　　　［('運動'＋ari)＋ar］＋ar

形容詞

・属性表象詞……（属性(内)）＋ar……内在的属性概念を表す

　　　　　　　　　（属性(偶)）＋ar……偶有的属性概念を表す

　　　　　　　　　('運動'＋ara＋'ない(偶)')＋ar

　　　　　　　　　　　　　　……偶有的属性概念を表す

・属性述定詞……（属性(偶)）＋ar＋ar……偶有的属性概念を表す

　　　　　　　　　('運動'＋ara＋'ない(偶)')＋ar＋ar

　　　　　　　　　　　　　　……偶有的属性概念を表す

動詞

・運動表象詞……('運動'＋aru)＋ar　　……いわゆる連体形に該当

・運動述定詞……('運動'＋aru)＋ar＋ar……いわゆる終止形に該当

・動詞(命令形)……('運動'＋aro)＋ar＋ar

　　　　　　　　　（母音で終わる形で表記されるものに限られる）

・動詞(意志形)……('運動'＋aro＋aru)＋ar＋ar

（注１）運動を表す語には、“'運動'＋are〟の形で表されるものを含む。

（注２）！のついたものは、独立語格の述定詞として用いられる実体(定称)存

　　　　在詞であることを表す。

第八章

陳述詞および述定詞に相当する詞

1）〝ます〟から作られる詞

〝ます〟は、動詞〝ある〟の尊敬語として用いられるとされる動詞です。ただし、〝ます〟は助動詞であるともされます。その動詞〝ます〟の語幹である運動を表す語 'mas' に詞形成素材をつけて用いることで、その運動のもたらす運動現象は、実体表象、属性表象または運動表象いずれかの表象として把握されることになります。そして、同様の表象をもたらすものを一般化して意識的存在と認識し、その存在を認知するという形を作ることで表象詞が作られます。そのようにして作られる表象詞のうち、詞形成素材 ara、ari、aru をつけて用いて作られるものは、現代の日本語において重要なはたらきを担っています（注）。

  （'mas' + ara + 'ない(内)'）＋ ar →〈ません〉
         ……属性表象詞(内在的属性概念を表す)
  （'mas' + ara + 'ない(偶)'）＋ ar →〈ません〉
         ……属性表象詞(偶有的属性概念を表す)
  （'mas' + ari）＋ ar →〈まし〉……実体表象詞
  （'mas' + aru）＋ ar →〈ます〉……運動表象詞

  （注）〝ます〟は、マキラスル→マラスル→マスル→マスという変化を経た語であるとともに、それが〝います〟から転じた〝ます〟などと混合した語などとも言われます。なお、〈まさない〉となるべきところが〈ません〉となるのは、サ行変格活用に見られるものと同様の母音変化が起こることによるものと考えられます。

 これらの表象詞が単独で用いられるということは、現在においてはあまりみられません。強いてあげれば、〝天に〈まし〉〈ます〉神〟という用例があるくらいのものです。その一方で、運動表象詞〈ます〉、実体表象詞〈まし〉

および偶有的属性概念をその意味内容として表す語としての属性表象詞〈ません〉は、「うごき名詞」の実体表象詞であるものにつけた形で日常的に用いられています。

　　　　そこに、その「花」は、〈あり〉〈ます〉。〈あり〉〈ません〉。〈あり〉〈まし〉た。
　　　　そこでは、その「花」は、〈咲き〉〈ます〉。〈咲き〉〈ません〉。
　　　　　　　　　　　　〈咲き〉〈まし〉た。

　このような用いられ方を見れば、本来的には表象詞であるこれらの詞が、「話し手」自身の現にいる空間とは別の空間内にある事物について客観的な立場に立って述べる際に用いられているということ、しかも、これらの詞に文を情報として伝える力が付与されているということが、分かります。すなわち、〈ます〉、〈まし〉および〈ません〉は、「陳述の述べ方をする際に、文を情報として伝える力の付与される詞」として用いられる詞であるのです。そこで、これらの詞を「陳述詞」と呼ぶこととします。ただし、陳述詞〈まし〉の場合には、陳述を完結させるためにはさらにそこに辞〝た〟をつけて用いる必要があります。
　ここで注意しなければならないことは、二つある〈ません〉という詞のうち陳述詞として用いられるものは偶有的属性概念をその意味内容として表す属性表象詞〈ません〉だけだということです。内在的属性概念をその意味内容として表す属性表象詞〈ません〉は単独で詞として用いられることはなく、運動を表す語に詞形成素材 ari のついた形、すなわち、うごき名詞の実体表象詞であるものの語幹に接尾語としてつけてのみ用いられます。その場合にできる〈～ません〉という形は、うごき名詞の実体表象詞であるものの語幹に接尾語をつけて作られたものであるので、実体表象詞ということになります。
　〈～ません〉の形の実体表象詞のうち、動詞〝ある〟の運動を表す語 'ar' に詞形成素材 ari のついた形に内在的属性概念をその意味内容として表す語〈ません〉を接尾語として用いてできる実体表象詞〈ありません〉は、実体（総称）存在詞に辞〝は〟のついた形と組み合わせて、実体（総称）存在詞で抽象的な

個物として表される事物がそもそも存在しないということを述べる陳述文を作ることに用いられます。また、動詞〝ある〟の運動を表す語 'ar' を含む任意の運動を表す語に詞形成素材 ari のついた形に内在的属性概念をその意味内容として表す語〈ません〉を接尾語として用いてできる実体表象詞〈～ません〉は、実体(定称)存在詞に辞〝は〟または辞〝が〟のついた形と組み合わせて、実体(定称)存在詞で具体的な個物として表される事物が別の空間内において見せるはずの「うごき」を見せないでいたということを述べる陳述文を作ることに用いられます。ただし、同じく実体表象詞である〈ありません〉および〈～ません〉は、いずれも陳述する力の付与された詞ではないので、陳述文として文を完結させるためには、そこにさらに陳述する力のある詞をつけて用いる必要があります。その時に用いられる陳述詞については、後に述べることとします。

　なお、実体表象詞である〈ありません〉および〈～ません〉の形をもとにありさま名詞を作ることは、できません。

《参考》内在的属性概念をその意味内容として表す語〈ません〉を接尾語として用いてできる実体表象詞の例
・うごき名詞の実体表象詞である〈あり〉の語幹に接尾語としてつけて用いる場合
　　('ar' + ari) + ('mas' + ara + ' ない (内)') + ar　→〈ありません〉
　　　…実体(総称)存在詞に辞〝は〟のついた形と組み合わせて、実体(総称)存在詞で抽象的な個物として表される事物が「話し手」自身のいる空間とは別の空間内にそもそも存在しないということを述べる陳述文を作ることに用いられる。

・うごき名詞の実体表象詞である任意のものの語幹に接尾語としてつけて用いる場合
　　('ar' + ari) + ('mas' + ara + ' ない (内)') + ar　→〈ありません〉
　　('ik' + ari) + ('mas' + ara + ' ない (内)') + ar　→〈行きません〉
　　('kak' + ari) + ('mas' + ara + ' ない (内)') + ar　→〈書きません〉

…実体(定称)存在詞に辞〝は〟、または辞〝が〟のついた形と組み合わせて、具体的な個物として表される事物が「話し手」のいる空間とは別の空間内において見せるはずの「うごき」を見せないでいたということを述べる陳述文を作ることに用いられる。

　さて、陳述詞〈ます〉、〈ません〉、〈ません〉は本来的に表象詞であるので、それらに対応する述定詞の形であるもの、すなわち、「ます」、「ません」、「まし」が作られます。しかしながら、これらの述定詞の形であるものが単独で用いられるということはありません。いずれも「うごき名詞」である実体(定称)存在詞につけてのみ用いられ、文を情報として伝える力の付与される詞としてのはたらきを担います。そこで、これらの詞を「述定詞に相当する詞」と呼ぶこととします。述定詞に相当する詞を用いてできる文は、指摘をする形で述べる述定文となります（以下、「指摘文」という）。ただし、述定詞に相当する詞「まし」の場合には、述定を完結させるためにはさらにそこに辞〝た〟をつけて用いる必要があります。

《**参考**》陳述詞並びに述定詞に相当する詞の用例
　・陳述詞
　('ar' + ari) + ar + ('mas' + ara + 'ない(偶)') + ar
　　　　　　　　　　　　　　→〈あり〉〈ません〉。
　('ik' + ari) + ar + ('mas' + ara + 'ない(偶)') + ar
　　　　　　　　　　　　　　→〈行き〉〈ません〉。
　('ik' + are + ari) + ar + ('mas' + ara + 'ない(偶)') + ar
　　　　　　　　　　　　　　→〈行け〉〈ません〉。
　('ar' + ari) + ar + ('mas' + ari) + ar +辞〝た〟
　　　　　　　　　　　　　　→〈あり〉〈まし〉+辞〝た〟。
　('ik' + ari) + ar + ('mas' + ari) + ar +辞〝た〟
　　　　　　　　　　　　　　→〈行き〉〈まし〉+辞〝た〟。
　('ik' + are + ari) + ar + ('mas' + ari) + ar +辞〝た〟
　　　　　　　　　　　　　　→〈行け〉〈まし〉+辞〝た〟。

('ar' + ari) + ar + ('mas' + aru) + ar 　　　　　→〈あり〉〈ます〉。

('ik' + ari) + ar + ('mas' + aru) + ar 　　　　　→〈行き〉〈ます〉。

('ik' + are + ari) + ar + ('mas' + aru) + ar 　　→〈行け〉〈ます〉。

・述定詞に相当する詞

[('ar' + ari) ＋ ar] ＋ ar+('mas' + ara + 'ない(偶)') ＋ ar+ ar
　　　　　　　　　　　　　　　　→「あり」「ません」。

[('ik' + ari) ＋ ar] ＋ ar+('mas' + ara + 'ない(偶)') ＋ ar+ ar
　　　　　　　　　　　　　　　　→「行き」「ません」。

[('ik' + are + ari) ＋ ar] ＋ ar+('mas' + ara + 'ない(偶)') ＋ ar+ ar
　　　　　　　　　　　　　　　　→「行け」「ません」。

[('ar' + ari) ＋ ar] ＋ ar+('mas' + ari) ＋ ar ＋ ar+辞〝た〟
　　　　　　　　　　　　　　　　→「あり」「まし」+辞〝た〟。

[('ik' + ari) ＋ ar] ＋ ar+('mas' + ari) ＋ ar ＋ ar+辞〝た〟
　　　　　　　　　　　　　　　　→「行き」「まし」+辞〝た〟。

[('ik' + are + ari) ＋ ar] ＋ ar+('mas' + ari) ＋ ar ＋ ar+辞〝た〟
　　　　　　　　　　　　　　　　→「行け」「まし」+辞〝た〟。

[('ar' + ari) ＋ ar] ＋ ar+('mas' + aru) ＋ ar+ ar 　→「あり」「ます」。

[('ik' + ari) ＋ ar] ＋ ar+('mas' + aru) ＋ ar+ ar 　→「行き」「ます」。

[('ik' + are + ari) ＋ ar] ＋ ar+('mas' + aru) ＋ ar+ ar
　　　　　　　　　　　　　　　　→「行け」「ます」。

２）〝ある〟と〝ます〟とから生まれる表現形

　動詞〝ある〟の語幹、すなわち、運動を表す語 'ar' からは、そこに詞形成素材 ari をつけて用いて〝存在する〟という運動現象を事物のうごきととらえることで、「うごき名詞」の単語である実体表象詞〈あり〉および実体(定称)存在詞「あり」を作ることができます。そして、うごき名詞の実体表象詞や実体(定称)存在詞である単語には、動詞〝ます〟の語幹、すなわち、運動を

表す語‘mas’をもとにして作られた陳述詞や述定詞に相当する詞がそこにつけて用いられます。

　そこで、「うごき名詞」の単語である実体表象詞〈あり〉または実体(定称)存在詞「あり」にも陳述詞や述定詞に相当する詞がつけて用いられますが、その際には、その〈あり〉や「あり」が動詞〝ある〟をどのような意を表すものとして用いたものなのかが問題となります。とくに、名詞に辞〝で〟を介して〈あり〉、または、「あり」をつけた形に陳述詞や述定詞に相当する詞がつけて用いられる場合には、注意が必要です。それは、辞〝で〟のついた名詞が実体表象詞、実体(総称)存在詞、実体(定称)存在詞または実体述定詞のいずれであるかに応じて、その形は適宜約められたりするからです。そして、約められた形のいくつかは、そのまま定着して新たな詞や辞として用いられています。

　そこで、ここではそのさまざまの表現形をまとめて示し、その一つひとつについて見ていくことにします。

①実体表象詞＋で＋（‘ar’＋aru）＋ar　→にて〈ある〉→な

②実体表象詞＋で＋（‘ar’＋aru）＋ar →で〈ある〉

③実体表象詞＋で＋（‘ar’＋ari）＋ar＋（‘mas’＋aru）＋ar →〈です〉。

④実体表象詞＋で＋（‘ar’＋ari）＋ar＋（‘mas’＋ari）＋ar＋辞〝た〟
　　　　　　　　　　　　　　　　　　　　　　→〈でし〉た。

⑤実体(総称)存在詞＋で＋（‘ar’＋aru）＋ar　→にて〈ある〉→なる

⑥実体(総称)存在詞＋と＋（‘ar’＋aru）＋ar　→と〈ある〉→たる

⑦実体(総称)存在詞＋で＋（‘ar’＋aru）＋ar →で〈ある〉

⑧実体(総称)存在詞＋で＋は＋（‘ar’＋ara＋‘ない(内)’）＋ar→では〈ない〉

⑨実体(総称)存在詞＋で＋（‘ar’＋ari）＋ar＋辞〝た〟→で〈あり〉た。

⑩実体(総称)存在詞＋で＋（‘ar’＋aru）＋ar＋ar →で「ある」。

⑪実体(総称)存在詞＋で＋は＋（‘ar’＋ara＋‘ない(偶)’）＋ar＋ar
　　　　　　　　　　　　　　　　　　　　　→では「ない」。

⑫実体(総称)存在詞＋で＋[（‘ar’＋ari）＋ar]＋ar＋（‘mas’＋aru）＋
　ar＋ar　　　　　　　　　　　　　　　　　→で「あり」「ます」。

⑬実体(総称)存在詞＋で＋は＋[('ar'＋ ari) ＋ ar] ＋ ar＋('mas'＋ ara ＋ 'ない(偶)') ＋ ar＋ ar　→では「あり」「ません」。

⑭実体(定称)存在詞＋で＋ ('ar'＋ ari) ＋ ar ＋ ('mas'＋ aru) ＋ ar
　　　　　　　　　　　　　　　　　　→で〈あり〉〈ます〉。

⑮実体(定称) 存在詞＋で＋('ar'＋ ari) ＋ ar＋('mas'＋ ara＋ 'ない(偶)')
　＋ ar　　　　　　　　　　　　　　　→で〈あり〉〈ません〉。

⑯実体(定称)存在詞＋で＋[('ar'＋ ari) ＋ ar] ＋ ar＋('mas'＋ ari) ＋
　ar ＋辞〝た〟　　　　　　　　　　　→で〈あり〉〈まし〉た。

⑰実体(定称)存在詞＋で＋ ('ar'＋ aru) ＋ ar ＋ ar →で「ある」。

⑱実体(定称)存在詞＋で＋('ar'＋ ara＋ 'ない(偶)')＋ ar ＋ ar →で「ない」。

⑲実体(定称)存在詞＋で＋[('ar'＋ ari) ＋ ar] ＋ ar＋辞〝た〟→で「あり」た。

⑳実体(定称)存在詞＋で＋[('ar'＋ ari) ＋ ar] ＋ ar＋('mas'＋ aru) ＋
　ar＋ ar　　　　　　　　　　　　　　→で「あり」「ます」。

㉑実体(定称)存在詞＋で＋[('ar'＋ ari) ＋ ar] ＋ ar＋('mas'＋ aru) ＋
　ar＋ ar　　　　　　　　　　　　　　→「です」。

㉒実体(定称)存在詞＋で＋[('ar'＋ ari) ＋ ar] ＋ ar＋('mas'＋ ara＋ 'ない(偶)') ＋ ar＋ ar　　　　　　　　　→で「あり」「ません」。

㉓実体(定称)存在詞＋で＋[('ar'＋ ari) ＋ ar] ＋ ar＋[('mas'＋ ari) ＋
　ar] ＋ ar ＋辞〝た〟　　　　　　　　→で「あり」「まし」た。

㉔実体(定称)存在詞＋で＋[('ar'＋ ari) ＋ ar] ＋ ar＋[('mas'＋ ari) ＋
　ar] ＋ ar ＋辞〝た〟　　　　　　　　→「でし」た。

㉕実体述定詞＋で＋ [('ar'＋ aru) ＋ ar] ＋ ar　→で「ある」→だ。

㉖実体述定詞＋で＋ [('ar'＋ ari) ＋ ar] ＋ ar ＋ ('mas'＋ aru) ＋ ar ＋ ar
　　　　　　　　　　　　　　　　　　→です。

① 〝実体表象詞＋な〟の形は形容性名詞の実体表象詞を用いて作られ、実体(総称)存在詞である単語の修飾に用いられます。〝な〟は〝にて〈ある〉〟の意を表す辞とみなすことができます。

② 〝実体表象詞＋で〈ある〉〟の形は普通名詞の実体表象詞を用いて作られ、

同じく普通名詞の実体表象詞である単語に辞〝は〟のついた形と組み合わせて、全称命題文を作ることに用いられます。

③ 〝実体表象詞＋〈です〉〟の形の中で用いられる〈です〉は、辞〝で〟についた実体表象詞〈あり〉に陳述詞〈ます〉のついた形を約めたものです。約められても〈です〉は陳述詞〈ます〉の持つ陳述の力を保持し、陳述詞として用いられます。〈です〉の形は、実体表象詞〈ありません〉につけて、実体(総称)存在詞である単語に辞〝は〟をつけた形と組み合わせて、抽象的な個物として表される事物が「話し手」自身の現にいる空間とは別の空間内にそもそも存在していないということを述べるときにのみ用いられます。ただし、実体(総称)存在詞で表されるものが生物である場合には、実体表象詞〈ありません〉に代えて〈いません〉が用いられます。

《参考》陳述詞〈です〉の用例……陳述文を作る。
　　　　そこの町に、「大学」は〈ありません〉〈です〉。

　　　　　　　　　　　　　　　　←「大学」実体(総称)存在詞
　　　　　　　　　　　　　　　　　〈ありません〉実体表象詞

④ 〝実体表象詞＋〈でし〉た〟の形の中で用いられる〈でし〉は、辞〝で〟についた実体表象詞〈あり〉に陳述詞〈まし〉のついた形を約めたものです。約められても〈でし〉は陳述詞〈まし〉の持つ陳述の力を保持し、陳述詞として用いられます。〈でし〉は、〈〜ません〉の形の実体表象詞であるものにつけて、「指示語そ」または「指示語あ」をつけて用いた実体(定称)存在詞である単語に辞〝は〟または辞〝が〟をつけた形と組み合わせて、「話し手」自身の現にいる空間とは別の空間内にある具体的な個物としての事物が見せるはずの「うごき」を見せないでいたということを述べるときにのみ用いられます。

《参考》陳述詞〈でし〉の用例……陳述文を作る。

そこに、その・あの「猫」は〈いません〉〈でし〉た。

　　　　　　　　　　　　　←「猫」実体(定称)存在詞

　　　　　　　　　　　　　〈いません〉実体表象詞

その・あの「猫」は、うちの「猫」では〈ありません〉〈でし〉た。

　　　　　　　　　　　　　←「猫」実体(定称)存在詞

　　　　　　　　　　　　　〈ありません〉実体表象詞

その日、その・あの「男」は〈歌いません〉〈でし〉た。

　　　　　　　　　　　　　←〈歌いません〉実体表象詞

⑤ 〝実体(総称)存在詞＋なる〟の形は、実体(総称)存在詞が形容性名詞であるときにのみ作られ、実体(不定称)存在詞である単語の修飾に用いられます。〝なる〟は、辞とみなすことができます。

《参考》

　　静かなる山々　←「静か」　形容性名詞

　　　　　　　　　　「山々」　実体(不定称)存在詞

⑥ 〝実体(総称)存在詞＋たる〟の形は、実体(総称)存在詞がありさま名詞であるときにのみ作られ、実体(不定称)存在詞である単語の修飾に用いられます。〝たる〟は、辞とみなすことができます。なお、実体(定称)存在詞である単語の修飾には〝実体(総称)存在詞＋とした〟の形が用いられます。

《参考》

　　堂々たる行進　　　　　←「堂々」　ありさま名詞

　　　　　　　　　　　　　　「行進」　実体(不定称)存在詞

　　堂々とした行進　　　　←「堂々」　ありさま名詞

　　　　　　　　　　　　　　「行進」　実体(定称)存在詞

⑦ 〝実体(総称)存在詞＋で〈ある〉〟の形は、定称詞(実体(定称)存在詞ま

たは実体述定詞)である単語の修飾に用いられます。

⑧ 〝実体(総称)存在詞＋では〈ない〉〟の形は、実体(総称)存在詞である単語の修飾に用いられます。

⑨ 〝実体(総称)存在詞＋で〈あり〉た〟の形は、定称詞(実体(定称)存在詞または実体述定詞)である単語の修飾に用いられます。

⑩ 〝実体(総称)存在詞＋で「ある」〟の形は、運動述定詞「ある」を用いた述定の形です。実体(総称)存在詞である単語に辞〝で〟を介して運動述詞「ある」をつけて用いたこの形を実体(総称)存在詞である単語に辞〝は〟のついた形と組み合わせて用いるときには、単に断言をするのではなく述定の内容が無条件に成り立つと定言的に述べることになります(以下、「定言型用法」という)。そこで、文としては、全称命題文に対応する総称命題文が作られます。また、この形を実体(定称)存在詞である単語に辞〝は〟または辞〝が〟のついた形と組み合わせて用いるときには、単に断言をするのではなく断定をする形で述べることになります(以下、「断定型用法」という)。運動述定詞「ある」を断定型用法で用いてできる断定文を、本書では「アル型断定文」と呼ぶこととします。

《参考》 運動述定詞「ある」の用法
・定言型用法……総称命題文を作る。
　　　　　　　…実体(総称)存在詞である単語に辞〝で〟を介してつけて、実体(総称)存在詞である単語に辞〝は〟のついた形と組み合わせて用いる。
　　　「猫」は「動物」で「ある」。
　　　　　　　←「猫」、「動物」ともに実体(総称)存在詞
・断定型用法……アル型断定文を作る。
　　　　　　　…実体(総称)存在詞である単語に辞〝で〟を介してつけ

て、実体(定称)存在詞である単語に辞〝は〟、または辞
〝が〟のついた形と組み合わせて用いる。

　　この・その・あの「猫」は「三毛猫」で「ある」。
　　　　　　　　　　←「猫」実体(定称)存在詞
　　　　　　　　　　　「三毛猫」実体(総称)存在詞

⑪〝実体(総称)存在詞＋で＋は＋「ない」〟の形は、偶有的属性概念をその
　意味内容として表す属性述定詞「ない」を用いた述定の形です。実体(総
　称)存在詞である単語に辞〝で〟と辞〝は〟とを〝では〟の形としたものを介
　して属性述定詞「ない」をつけて用いたこの形を実体(総称)存在詞であ
　る単語に辞〝は〟のついた形と組み合わせて用いるときには、単に断言を
　するのではなく述定の内容が無条件に成り立つと定言的に述べること
　になります。そこで、属性述定詞「ない」を定言型用法で用いることで、
　総称命題文が作られることになります。また、この形を実体(定称)存在
　詞である単語に辞〝は〟または辞〝が〟のついた形と組み合わせて用
　いるときには、単に断言をするのではなく断定をする形で述べること
　になります。本書では、そのようにしてできる断定文をも、「アル型断
　定文」と呼ぶこととします。

《参考》偶有的属性概念を表す語である属性述定詞「ない」の用法
　・定言的用法……総称命題文を作る。
　　　　　　　　　…実体(総称)存在詞である単語に辞〝で〟と辞〝は〟と
　　　　　　　　　を〝では〟の形としたものを介してつけて、実体(総
　　　　　　　　　称)存在詞である単語に辞〝は〟のついた形と組み合
　　　　　　　　　わせて用いる。
　　「猫」は「動物」では「ない」。　←「猫」、「動物」実体(総称)存在詞
　・断定型用法……アル型断定文を作る。
　　　　　　　　　…実体(総称)存在詞である単語に辞〝で〟と辞〝は〟
　　　　　　　　　とを〝では〟の形としたものを介してつけて、実体
　　　　　　　　　(定称)存在詞である単語に辞〝は〟、または辞〝がの

ついた形と組み合わせて用いる。
　この・その・あの「猫」は「三毛猫」では「ない」。

←「猫」実体(定称)存在詞
「三毛猫」実体(総称)存在詞

⑫　〝実体(総称)存在詞＋で「あり」「ます」〟の形は、実体(総称)存在詞である単語に辞〝で〟を介して実体(定称)存在詞「あり」をつけ、そこに述定詞に相当する詞「ます」をつけて用いた述定の形です。実体(総称)存在詞である単語を用いたこの形を実体(総称)存在詞である単語に辞〝は〟のついた形と組み合わせて用いるときには、述定の内容が無条件に成り立つと定言的に述べる述定文が作られます。そのようにして用いられる述定詞に相当する詞「ます」の用法を定言型用法、できる文を「定言型指摘文」と呼ぶこととします。また、「指示語こ」をつけて用いた実体(定称)存在詞である単語に辞〝は〟または辞〝が〟のついた形と組み合わせて用いることで、強調をする形で指摘をする述定文を作ることができます（以下、「強調型指摘文」という）。

《参考》述定詞に相当する詞「ます」の用法
　定言型指摘文を作る。
　　……実体(総称)存在詞である単語に辞〝で〟を介してつけた実体(定称)存在詞「あり」につけて、実体(総称)存在詞である単語に辞〝は〟をつけた形と組み合わせて用いる。
　「猫」は「動物」で「あり」「ます」。

←「猫」、「動物」ともに実体(総称)存在詞

　強調型指摘文を作る。
　　……実体(総称)存在詞である単語に辞〝で〟を介してつけた実体(定称)存在詞「あり」につけて、「指示語こ」をつけて用いた実体(定称)存在詞である単語に辞〝は〟をつけた形と組み合わせて用いる。
　この「猫」は「三毛猫」で「あり」「ます」。

←「猫」実体(定称)存在詞
「三毛猫」実体(総称)存在詞

⑬ 〝実体(総称)存在詞＋では「あり」「ません」〟の形は、実体(総称)存在詞である単語に辞 〝で〟と辞 〝は〟とを 〝では〟の形としたものを介して実体(定称)存在詞「あり」をつけ、そこに述定詞に相当する詞「ません」をつけて用いた述定の形です。実体(総称)存在詞である単語を用いたこの形を実体(総称)存在詞である単語に辞 〝は〟のついた形と組み合わせて用いるときには、「定言型指摘文」が作られます。また、「指示語こ」をつけて用いた実体(定称)存在詞である単語に辞 〝は〟のついた形と組み合わせて用いるときには、「強調型指摘文」が作られます。

《参考》
「猫」は「植物」では「あり」「ません」。
この「猫」は「三毛猫」では「あり」「ません」。

⑭ 〝実体(定称)存在詞＋で〈あり〉〈ます〉〟の形は、実体(定称)存在詞である単語に辞 〝で〟を介して実体表象詞〈あり〉をつけ、そこに陳述詞〈ます〉をつけて用いた陳述の形です。この形は、実体(定称)存在詞である単語に辞 〝は〟または辞 〝が〟のついた形と組み合わせて、「話し手」自身の現にいる空間とは別の空間内にある具体的な個物としての事物について述べる陳述文を作ることに用いられます。

⑮ 〝実体(定称)存在詞＋で〈あり〉〈ません〉〟の形は、実体(定称)存在詞である単語に辞 〝で〟を介して実体表象詞〈あり〉をつけ、そこに陳述詞〈ません〉をつけて用いた述定の形です。この形は、実体(定称)存在詞である単語に辞 〝は〟または辞 〝が〟のついた形と組み合わせて、「話し手」自身の現にいる空間とは別の空間内にある具体的な個物としての事物について述べる陳述文を作ることに用いられます。

⑯ 〝実体(定称)存在詞＋で〈あり〉〈まし〉た〟の形は、実体(定称)存在詞である単語に辞〝で〟を介して実体表象詞〈あり〉をつけ、そこに陳述詞〈まし〉をつけて用いた陳述の形です。この形は、実体(定称)存在詞である単語に辞〝は〟または辞〝が〟のついた形と組み合わせて、「話し手」自身の現にいる空間とは別の空間内にある具体的な個物としての事物について述べる陳述文を作ることに用いられます。

⑰ 〝実体(定称)存在詞＋で「ある」〟の形は、運動述定詞「ある」を用いた述定の形です。この形で運動述定詞「ある」を〝存在する〟の意を表すものとして用いたものは、実体(定称)存在詞である単語に辞〝は〟または辞〝が〟をつけたものと組み合わせて断言をする形で述べる文（以下、「断言文」という）を作ることに用いられます。それに対して、状態の存在や存続を認識するという意を表すもの、または、指定の意を表すものとして用いたものはこの形では用いられず、〝実体述定詞＋だ〟、または〝実体述定詞＋です〟に取って代わられます。この形を辞〝は〟を用いることで〝実体(定称)存在詞＋では「ある」〟の形としたものは、断言文を作ることに用いられます。

《参考１》〝実体(定称)存在詞＋で「ある」〟の用法
　　この・その・あの講演会は「講堂」で「ある」。
　　この・その・あの「猫」は「元気」だ。
　　　　　　　　　（←この・その・あの「猫」は「元気」で「ある」。）
　　この・その・あの「猫」はうちの「飼い猫」だ。
　　　　　　　　　（←この・その・あの「猫」はうちの「飼い猫」で「ある」。）

《参考２》〝実体(定称)存在詞＋では「ある」〟の用法
　　この・その・あの「猫」はうちの「猫」では「ある」。
　　　　　　　　　　　　　　　←「猫」実体(定称)存在詞
　　この・その・あの「猫」は「元気」では「ある」。
　　　　　　　　　　　　　　　←「元気」実体(定称)存在詞

⑱ 〝実体(定称)存在詞＋で「ない」〟の形は、偶有的属性概念を表す属性
述定詞「ない」を用いた述定の形です。この形は、実体(定称)存在詞
である単語に辞〝は〟または辞〝が〟のついた形と組み合わせて、断
言文を作ることに用いられます。この形を辞〝は〟を用いることで〝実
体(定称)存在詞＋では「ない」〟の形としたものは、「指示語こ」をつ
けて用いた実体(定称)存在詞である単語に辞〝は〟のついた形と組み
合わせて、断定をする形で述べる文（以下、「断定文」という）を作る
ことに用いられます。

《参考》属性述定詞「ない」の用法
　断言文
　　この・その・あの「猫」はうちの「猫」で「ない」。
　　この・その・あの「猫」は「元気」で「ない」。

　断定文
　　この「猫」はうちの「猫」では「ない」。
　　この「猫」は「元気」では「ない」。

⑲ 〝実体(定称)存在詞＋で「あり」た〟の形は、実体(定称)存在詞である
単語に辞〝で〟を介して実体述定詞「あり」をつけて用いた述定の形です。
この形を実体(定称)存在詞である単語に辞〝は〟または辞〝が〟のつ
いた形と組み合わせて用いるときには、断言文または断定文が作られ
ます。それに対して、辞〝は〟を用いることで〝実体(定称)存在詞＋
では「あり」た〟の形としたものを用るときには、断言文が作られます。

⑳ 〝実体(定称)存在詞＋で「あり」「ます」〟の形は、実体(定称)存在詞で
ある単語に辞〝で〟を介して実体(定称)存在詞「あり」をつけ、そこ
に述定詞に相当する詞「ます」をつけて用いた述定の形です。この形
は、「指示語こ」をつけて用いた実体(定称)存在詞である単語に辞〝は〟

または辞〝が〟のついた形と組み合わせて、強調型指摘文を作ること
に用いられます。また、この形を辞〝は〟を用いることで〝実体（定称）
存在詞＋では「あり」「ます」〟の形としたものは、実体（定称）存在
詞である単語に辞〝は〟のついた形と組み合わせて、指摘文を作るこ
とに用いられます。

《参考》

　強調型指摘文

　　この「猫」はうちの「猫」で「あり」「ます」。

　　この「猫」は「元気」で「あり」「ます」。

　指摘文

　　この・その・あの「猫」はうちの「猫」では「あり」「ます」。

　　この・その・あの「猫」は「元気」では「あり」「ます」。

㉑〝実体（定称）存在詞＋「です」〟の形の中で用いられる「です」は、辞〝で〟
についた実体（定称）存在詞「あり」に述定詞に相当する詞「ます」を
つけて用いた形を約めたものです。「です」は、それがつけて用いられ
る実体（定称）存在詞である単語に述定する力がないので、「ます」の述
定する力を保持し、述定詞に相当する詞として用いられます。この形は、
「指示語そ」または「指示語あ」をつけて用いた実体（定称）存在詞であ
る単語に辞〝は〟または辞〝が〟のついた形と組み合わせて、指摘文
を作ることに用いられます。ただし、述定詞に相当する詞「です」は、
それを属性存在詞や運動存在詞である単語につけて用いることはでき
ません。

　　また、この形は、実体（不定称）存在詞である単語に辞〝は〟のつい
た形と組み合わせても用いられます。その場合には、述定詞に相当す
る詞である「です」を属性存在詞である単語につけても用いることが
できます。そして、同じく、指摘文ができることとなります。

《参考》述定詞に相当する詞「です」の用法……指摘文を作る。

・実体(定称)存在詞である単語につけて、実体(不定称)存在詞である単語に辞〝は〟をつけた形と組み合わせて用いる。

　　ある「猫」は「飼い猫」「です」。しかし、ある「猫」は「捨て猫」「です」。
　　ある「猫」は「元気」「です」。しかし、ある「猫」は「不元気」「です」。
　　ある「猫」は「大きい」「です」。しかし、ある「猫」は「小さい」「です」。

・実体(定称)存在詞である単語につけて、「指示語そ」または「指示語あ」をつけて用いた実体(定称)存在詞に辞〝は〟または辞〝が〟をつけた形と組み合わせて用いる。

　　その・あの「猫」はうちの「猫」「です」。
　　その・あの「猫」は「元気」「です」。

㉒ 〝実体(定称)存在詞＋で「あり」「ません」〟の形は、実体(定称)存在詞である単語に辞〝で〟を介して実体(定称)存在詞「あり」をつけ、そこに述定詞に相当する詞「ません」をつけて用いた述定の形です。この形は、「指示語そ」または「指示語あ」をつけて用いた実体(定称)存在詞である単語に辞〝は〟のついた形と組み合わせて、指摘文を作ることに用いられます。

　この形を、辞〝は〟を用いることで〝実体(定称)存在詞＋では「あり」「ません」〟の形とするときには、「指示語こ」をつけて用いた実体(定称)存在詞に辞〝は〟のついた形と組み合わせて用いることで、強調型指摘文が作られます。

《参考１》〝実体(定称)存在詞＋で「あり」「ません」〟の用例
　指摘文を作る……「指示語そ」または「指示語あ」をつけて用いた実体(定称)存在詞である単語に辞〝は〟のついた形と組み合わせて、〝実体(定称)存在詞＋で「あり」「ません」〟の形で用いる。

その・あの「猫」はうちの「猫」で「あり」「ません」。

その・あの「猫」は「元気」で「あり」「ません」。

《参考２》〝実体(定称)存在詞＋では「あり」「ません」〟の用例

　　強調型指摘文を作る……「指示語こ」をつけて用いた実体(定称)存在
　　　　　　　　　　　　　詞である単語に辞〝は〟のついた形と組み
　　　　　　　　　　　　　合わせて、〝実体(定称)存在詞＋では「あり」
　　　　　　　　　　　　　「ません」〟の形で用いる。

　　この「猫」はうちの「猫」では「あり」「ません」。

　　この「猫」は「元気」では「あり」「ません」。

㉓　〝実体(定称)存在詞＋で「あり」「まし」た〟の形は、実体(定称)存在
詞である単語に辞〝で〟を介して実体(定称)存在詞「あり」をつけ、
そこに述定詞に相当する詞「まし」をつけて用いた述定の形です。この形は、「指示語こ」をつけて用いた実体(定称)存在詞である単語と組み合わせて、強調型指摘文を作ることに用いられます。また、辞〝は〟を用いることで〝実体(定称)存在詞＋では「あり」「まし」た〟の形とするときには、「指示語そ」または「指示語あ」をつけて用いた実体(定称)存在詞に辞〝は〟のついた形と組み合わせて、指摘文を作ることに用いられます。

《参考》

　　強調型指摘文

　　この「猫」はうちの「猫」で「あり」「まし」た。

　　この「猫」は「元気」で「あり」「まし」た。

　　指摘文

　　その・あの「猫」はうちの「猫」では「あり」「まし」た。

　　その・あの「猫」は「元気」では「あり」「まし」た。

㉔ 〝実体(定称)存在詞＋「でし」た〟の形の中で用いられる「でし」は、辞〝で〟
についた「あり」に述定詞に相当する詞「まし」のついた形を約めた
ものです。「でし」は、それがつけて用いられる実体(定称)存在詞であ
る単語に述定する力がないので、約められても「まし」の述定する力
を保持し、述定詞に相当する詞として用いられます。この形は、実体(定
称)存在詞である単語に辞〝は〟または辞〝が〟のついた形と組み合わ
せて、指摘文を作ることに用いられます。

㉕ 〝実体述定詞＋だ〟の形の中で用いられる〝だ〟は、動詞〝ある〟を用
いた〝で「ある」〟の形を約めたものです。文を情報として伝える力は
すでに実体述定詞に付与されているので、述定する力をもつことはあ
りません。そこで辞ということになります。辞〝だ〟は、実体述定詞
につけて用いられ、述定文により伝えられる情報内容が確認されたも
のであるということを標識する辞としてのはたらきを担います(以下、
辞〝だ〟を「確認辞」という)(注)。この形は、実体(定称)存在詞に辞〝は〟
または辞〝が〟につけた形と組み合わされて、断言文または断定文を
作ることに用いられます。

　ところで、〝にて〈ある〉〟を約める過程でできた辞〝な〟をいわゆ
る終助詞である辞〝の〟と組み合わせたものが、〝実体述定詞＋なの〟
の形で辞〝だ〟に代わるものとして用いられます。この〝実体(定称)
存在詞＋なの〟の形も、実体(定称)存在詞に辞〝は〟または辞〝が〟
につけた形と組み合わされて、断言文または断定文を作ることに用い
られます。

《参考》
　断言文または断定文
　　　この・その・あの「猫」は、うちの「猫」だ。
　　　この・その・あの「猫」は、うちの「猫」なの。

(注)〝だ〟は、これまで助動詞とされてきました。だが、助動詞とするのでは、

〝あれは猫だ〟に用いられる〝だ〟と、同じく実体述定詞である単語「猫」
　　　を用いてなされる述定、〝あれは猫さ〟、〝あれは猫ね〟、〝あれは猫よ〟の
　　　形で用いられる辞である「さ」、「ね」、「よ」との違いの説明がつきません。

㉖　〝実体述定詞＋です〟の形の中で用いられる〝です〟は、辞〝だ〟のも
　　との形が〝で「ある」〟ということを念頭に、それに述定詞に相当する
　　詞「ます」のついた〝で「あり」「ます」〟の形を想定したうえで、そ
　　の形を約めてできた辞です。〝です〟に述定する力はなく、丁寧の意を
　　表す辞として辞〝だ〟に代えて用いられます（以下、「丁寧辞」という）。
　　　なお、丁寧辞〝です〟は、最近では、うごき名詞の実体述定詞であ
　　る単語「あり」に確認辞「た」のついた形につけても用いられています。
　　また、属性述定詞である単語につけても用いられています。ただし、
　　運動述定詞である単語につけて用いられることはありません。

《参考》丁寧辞〝です〟の用例
　　　この・その・あの「猫」はうちの「飼い猫」です。
　　　　　　　　　　　　　　　　　　　　　　　←「飼い猫」実体述定詞
　　　「私」はうれしく「あり」たです。　　　　←「あり」実体述定詞
　　　この「猫」は「かわいい」です。　　　　　←「かわいい」属性述定詞

第九章

うごきの確定・確認、
進行形および推量の表現

1）うごきの確定・確認

　うごき名詞で表される事物のうごきについて、それが確定または確認されたものであるということを標識するために、辞〝た〟がうごき名詞の実体表象詞または実体述定詞である単語につけて用いられます。辞〝た〟は〝てあり〟の形をもとにしてできたと言われています。〝てあり〟という形の中で用いられる辞〝て〟は、いわゆる接続助詞であり、活用語の連用形などにつけて用いられるとされています。〝あり〟と言う単語については、ラ行変格活用というもののない現在の文法で言えば、運動表象詞〈ある〉の場合と運動述定詞「ある」の場合とがありえることになります。つまり、辞〝た〟には、次の二つのものがありえます。

　　①て〈ある〉→て＋（'ar'＋aru）＋ar　　　…………辞〝た〟
　　②て「ある」→て＋（'ar'＋aru）＋ar＋ar　…………辞〝た〟

　このうち、①の形をもととする辞〝た〟は、うごき名詞の実体表象詞である単語につけて用いられ、実体表象詞である単語がその意味内容として表す「うごき」が確定されたものであるということを標識するはたらきを担います。ただし、〝実体表象詞＋た〟の形の中には文を情報として伝える力の付与された詞がないので、その形は定称詞(実体(定称)存在詞または実体述定詞)である単語の修飾にのみ用いられます。また、辞〝た〟による確定がいつの時点でなされたかは明確ではありません。
　この①の形をもととする辞〝た〟は、うごき名詞の実体表象詞である単語につけて用いられた陳述詞〈まし〉につけても用いられます。その場合には、辞〝た〟は陳述詞〈まし〉のつけて用いられた実体表象詞の表す「うごき」が確定されたものであるということを標識するはたらきを担います。陳述詞〈まし〉が文を情報として伝える力の付与された詞であることから、辞〝た〟による確定のなされた時点が陳述のなされた時点であるということは明確で

す。なお、そのうごきを見せる事物については、文中に実体(定称)存在詞である単語に辞〝は〟または辞〝が〟をつけた形で用いることにより示されます。

　以上のことから、①の運動表象詞〈ある〉を用いた形をもととする辞〝た〟が、具体的な個物としての事物の見せる「うごき」について、それが確定されたものであるということを標識するはたらきを担う辞であるということが分かります（以下、「確定辞」という）。

　一方、②の形をもととする辞〝た〟は、うごき名詞の実体述定詞である単語、または、うごき名詞の実体(定称)存在詞である単語につけて用いられた述定詞に相当する詞「まし」につけて用いられます。いずれの場合にも、辞〝た〟はうごき名詞の実体述定詞または述定詞に相当する詞「まし」をつけて用いられた実体(定称)存在詞によってその意味内容として表されるうごきについて、それが確認されたものであるということを標識するはたらきを担います。さらに、辞〝た〟は実体(定称)存在詞を独立語格の述定詞として用いたものに直接つけても用いられて、同様のはたらきを担います。そこで、②の運動述定詞「ある」を用いた形をもととする辞〝た〟を、動詞〝ある〟を用いた〝で「ある」〟の形を約めてできた辞〝だ〟と同じく、「確認辞」と呼ぶことにします。確認のなされた時点が述定のなされた時点であるということは明確です。なお、そのうごきを見せる事物については、必要に応じ、文中に実体(定称)存在詞である単語をそこに辞〝は〟または辞〝が〟をつけた形で用いることによって示されます。

　確認辞〝た〟をうごき名詞の実体述定詞である単語につけて用いた述定文には、断言をする形で述べる文もしくは断定をする形で述べる文となります。そこで本書では、確認辞〝た〟をうごき名詞の実体述定詞である単語につけて用いた述定文のうち、断言をする形で述べる文を「タ型断言文」、断定をする形で述べる文を「タ型断定文」と呼ぶこととします。

　（注）「タ型断言文」および「タ型断定文」の文例についてはP186参照

　なお、辞〝た〟に二種類のものがあるところから、必要に応じ、確定辞であるものには「」をつけずに、確認辞であるものには「」をつけて表記をすることとします。

《参考》
　　確定辞であるもの
　　　ここに・そこに・あそこに〈あり〉た「花瓶」
　　　その・あの「花瓶」が〈あり〉〈まし〉た。
　　確認辞であるもの
　　　ここに・そこに・あそこに「花瓶」が「あり」「た」。
　　　この・その・あの「花瓶」が「あり」「まし」「た」。

　辞〝た〟のもととなった〝て〈ある〉〟または〝て「ある」〟の形からは〝て〈あり〉て〟または〝て「あり」て〟という形が容易に導かれます。この形は、いずれも約められて〝て〟という形で用いられます。その結果、辞〝て〟には、接続助詞と呼ばれる本来の辞である〝て〟、確定辞由来の辞である〝て〟、確認辞由来の辞である〝て〟という三つのものがあるということになります。このうち、うごき名詞の実体述定詞である単語につけて用いられる接続助詞と呼ばれる本来の辞であるものおよび確認辞由来の辞であるものは、それを省略することが可能です。省略された形は、いわゆる連用中止法といわれる表現となります。

《参考》辞〝て〟について
　　本来の辞であるもの……起きて、食べて、寝て、暮らす。
　　　　　　　　　　　　　→起き、食べ、寝て、暮らす。
　　確認辞由来のもの……その日は、朝起きて、食べて、それから、学校に行った。
　　　　　　　　　　　　→その日は、朝起き、食べ、それから、学校に行った。

２）進行形の表現

　辞〝て〟を用いた表現形の一つに、〝～ている〟という一般的には進行形と言われるものがあります。しかし、以上に述べてきたことを踏まえれば、この表現形には次のような組合せがあることになり、つねに進行形の表現と

なるわけではありません。

①うごき名詞の実体表象詞である単語
　　　　　＋て（確定辞由来の辞であるもの）＋〈いる〉
②　　〃　　＋て（確定辞由来の辞であるもの）＋〈い〉た(確定辞)
③　　〃　　＋て（確定辞由来の辞であるもの）＋〈い〉〈ます〉。
④　　〃　　＋て（確定辞由来の辞であるもの)＋〈い〉〈まし〉た(確定辞)。
⑤うごき名詞の実体述定詞である単語
　　　　　＋て(本来の辞であるもの)＋「いる」。
⑥　　〃　　＋て(本来の辞であるもの)＋「い」「た」(確認辞)。
⑦うごき名詞の実体述定詞である単語
　　　　　＋て(確認辞由来のもの)＋「いる」。
⑧　　〃　　＋て(確認辞由来のもの)＋「い」「た」(確認辞)。

　このうち、①および②は、確定辞由来の辞〝て〟の表す確定の時点と運動
表象詞〈いる〉の表す時点との関係は表現上とくに問題とはならず、進行形
の表現ということになります。ただし、いずれも定称詞(実体(定称)存在詞
または実体述定詞)である単語の修飾にのみ用いられます。③は、確定辞由
来の辞〝て〟による確定の時点と陳述詞〈ます〉による陳述の時点が一致す
るときにのみ、進行形の表現となります。④も同じく、確定辞由来の辞〝て〟
による確定の時点と確定辞〝た〟による確定の時点とが一致するときにのみ、
進行形の表現となります。⑤と⑥は、本来の辞であるいわゆる接続助詞の〝て〟
のつけられたうごき名詞の実体述定詞である単語による述定の時点と運動述
定詞「いる」による述定の時点または確認辞〝た〟による確認の時点とは異
なることになるので、進行形の表現とはなりません。⑦と⑧は、確認辞由来
の辞〝て〟による確認の時点と運動述定詞「いる」による述定の時点または
確認辞由来の辞〝た〟による確認の時点とが一致するということは明確なの
で、進行形の表現となります。

3）推量の表現

　同じく確認辞である〝た〟および〝だ〟からは、「確認が推量にもとづくものであるということを標識するはたらきを担う辞」、すなわち、〝たろう〟および〝だろう〟を作ることができます（以下、「推量型確認辞」という）。また、述定詞に相当する詞である「です」および運動述定詞「ある」を用いた〝で「ある」〟の形からは、推量にもとづいて述定を行う際に用いられる述定詞に相当する詞、すなわち、「でしょう」および「であろう」を作ることができます（以下、「推量型述定詞」という）。なお、本書では、推量型述定詞を用いてできる述定文を「推量型述定文」と呼ぶこととします。

　推量型確認辞は、「話し手」自身の現にいる空間内にある具体的な個物としての事物についての推量表現に用いられます。それに対して、推量型述定詞は、「話し手」自身の現にいる空間内にある具体的な個物としての事物が時間の経過とともに見せることになる運動についての推量表現に用いられます。

　a）〝たろう〟および〝だろう〟

　　推量型確認辞〝たろう〟は、確認辞〝た〟の中にもともと運動述定詞「ある」があるということを念頭において、〝('ar' + aru) + ar + ar〟をもとに運動述定詞(意志形)に相当する形〝('ar' + aro + aru) + ar + ar〟ができると想定し、それを約めたものです。推量型確認辞〝たろう〟は、確認辞〝た〟と同じく述定をする力は持ちません。なお、〝たろう〟は撥音便で〝だろう〟となることがあります。

　　推量型確認辞〝だろう〟は、確認辞〝だ〟の中にもともと運動述定詞「ある」があるということを念頭において、〝('ar' + aru) + ar + ar〟をもとに運動述定詞(意志形)に相当する形〝('ar' + aro + aru) + ar + ar〟ができると想定し、それを約めたものです。

　　推量型確認辞〝たろう〟は、「話し手」自身が納得することを目的に、うごき名詞の実体述定詞である単語につけて用いられます。推量型確

認辞〝だろう〟は「話し手」自身が納得するとともに「聞き手」の同意をも得ることを目的に、実体述定詞である単語およびうごき名詞の実体述定詞に確認辞〝た〟をつけて用いたものにつけて用いられます。また、うごき名詞の実体(定称)存在詞を独立語格の述定詞として用いたものに確認辞〝た〟をつけて用いたもの、または、属性存在詞もしくは運動存在詞である単語につけても用いられます。さらに、推量型確認辞〝だろう〟は、述定文の文末に辞〝の〟をつけて用いた形のものにつけて、〝～なのだろう〟、〝～のだろう〟という形でも用いられます。

　なお、〝たろう〟、〝だろう〟は、念押しの意を表すための辞として用いられる際には、多くの場合、〝ろ〟、〝だろ〟となります。

《参考》推量型確認辞〝たろう〟、〝だろう〟の用例
　「食べ」たろう。　……「食べ」うごき名詞の実体述定詞
　「猫」だろう。　　……「猫」実体述定詞
　「行き」ただろう。……「行き」うごき名詞の実体述定詞
　「美しい」だろう。……「美しい」属性存在詞
　　　　　　　　　　　　　（独立語格の述定詞）
　「食べる」だろう。……「食べる」運動存在詞
　　　　　　　　　　　　　（独立語格の述定詞）
　「食べ」た、ろ。　……「食べ」うごき名詞の実体(定称)存在詞
　　　　　　　　　　　　　（独立語格の述定詞）
　「食べ」た、だろ。……同上

　b)「でしょう」
　　推量型述定詞「でしょう」は、述定詞に相当する詞「です」の中にもともと述定詞に相当する詞「ます」があるということを念頭において、〝('mas' + aru) + ar + ar〟をもとに運動述定詞(意志形)に相当する形〝('mas' + aro + aru) + ar + ar〟ができると想定し、それを約めたものです。推量型述定詞「でしょう」には述定する力があ

ります。「です」は、属性存在詞や運動存在詞を除く実体（定称）存在詞である単語につけて用いられます。それに対して、「でしょう」はうごき名詞の実体（定称）存在詞、または、運動を表す語をもとに作られた属性存在詞もしくは運動存在詞であるものにつけて用いられます。これは、推量型述定詞を用いることで、ある実体（定称）存在詞の単語に辞〝は〟をつけて主題にとりたてられた「話し手」自身の現にいる空間内にある事物が一定の時間経過後に別の空間内にある事物として見せることになる運動についての推量をする表現となるからです。なお、推量型述定詞「でしょう」を用いた文中に辞〝が〟を用いることはできません。

《参考》推量型述定詞「でしょう」の用例

　　この・その・あの「男」は「行く」「でしょう」。　←「行く」運動存在詞

　　　　　　　　　　「行かない」「でしょう」。←「行かない」属性存在詞

　　明日の天気は、「晴れ」「でしょう」。

　　　　　　　　　←「晴れ」うごき名詞の実体（定称）存在詞

　　（明日の天気は晴れとなると予測）

　　明日は、一日、「晴れる」「でしょう」。　←「晴れる」運動存在詞

　　（明日の天気という事物の実体に〝晴れる〟という運動が帰属することで、〝晴れる〟という運動が明日の天気と一体化し不可分となったものとして存在することになるということを予測）

　なお、丁寧辞〝です〟からも、同じようにして〝でしょう〟が作られます（以下、「推量型丁寧辞」という）。

　推量型丁寧辞〝でしょう〟は、実体述定詞である単語につけて、気休め的な推量表現に用いられます。また、属性存在詞および運動存在詞を含む実体（定称）存在詞である単語を独立語格の述定詞として用いたものにつけて、さらには、うごき名詞の実体（定称）存在詞を独立語格の述定詞として用いたものに確認辞〝た〟のついた形につけて、強調または確認をすることのために用いられます。その際には、多くの場合、〝でしょ〟という形となります。

《参考》推量型丁寧辞〝でしょう〟の用例

実体述定詞である単語につけて用いる。

「猫」でしょう。「行き」でしょう。

実体(定称)存在詞である単語を独立語格の述定詞として用いたものに
つけて用いる。

「猫！」、でしょう。「美しい！」、でしょう。「行く！」、でしょう。

うごき名詞の実体(定称)存在詞を独立語格の述定詞として用いたもの
に確認辞〝た〟のついた形につけて用いる。

「あり」た、でしょ(う)。美しく「あり」た、でしょ(う)。

「行き」た、でしょ(う)。

そのほか、推量型丁寧辞〝でしょう〟は、述定文の文末に辞〝の〟をつけ
て用いたものにつけて、〝なのでしょう〟、〝のでしょう〟の形でも用いられ
ます。その場合には、自信の持てない推量、または、責任を伴わない形での
推量の表現となります。また、辞〝か〟をそこにつけて用いた〝でしょうか〟
の形で、疑問文または反語文を作ることにも用いられます。

c)「であろう」

アル型断定文に用いられる〝実体(総称)存在詞＋で「ある」〟とい
う形をもとに、そこに用いられている運動述定詞「ある」〝('ar' +
aru) + ar + ar〟を、運動述定詞(意志形)に相当する〝('ar' + aro
+ aru) + ar + ar〟の形とすることで作られる〝であろう〟があります。
〝で「ある」〟の形が実体(総称)存在詞である単語につけて用いられ
るのに対し、推量型述定詞「であろう」は運動を表す語をもとに作ら
れた属性存在詞または運動存在詞である単語につけて用いられます。
これは、推量型述定詞を用いた表現が、主題にとりたてられた「話し
手」自身の現にいる空間内にある事物が一定の時間経過後に別の空間

内にある事物として見せることとなる運動についての推量をする表現
となるからです。

　なお、推量型述定詞「であろう」を用いた文中には、辞〝が〟を用
いることはできません。また、推量型述定詞「であろう」は、最近で
はあまり用いられません。

《参考》推量型述定詞「であろう」の用例
　……運動を表す語をもとに作られた属性存在詞または運動存在詞であ
　る単語につけて用いる。
　　この・その・あの「花」は「咲く」「であろう」。
　　　　　　　　　　　　「咲かない」「であろう」。
　　この・その・あの「男」は「行く」「であろう」。
　　　　　　　　　　　　「行かない」「であろう」。

d）「ましょう」
　「ましょう」は、述定詞に相当する詞「ます」〝('mas' + aru) + ar
+ ar〟を、運動述定詞（意志形）に相当する〝('mas' + aro + aru)
+ ar + ar〟の形とすることで作られます。「ましょう」は、運動述
定詞（意志形）に相当する詞としてうごき名詞の実体（定称）存在詞であ
る単語につけて用いられます。そして、辞〝は〟または辞〝が〟をつ
けて用いた実体（定称）存在詞と組み合わせることで、うごき名詞の実
体（定称）存在詞である単語の表すうごきのもととなる運動を表す語で
表される運動がそれと特定される具体的な個物である事物の実体に帰
属し、その事物に同じうごきが見られることになると述定する文を作
ります。運動が「話し手」自身にのみ帰属することとなる運動である
ときには「話し手」の強い意志を、「話し手」および「聞き手」双方
に帰属することとなる運動であるときには「話し手」の「聞き手」に
対する勧誘を表す表現となります。第三者に帰属することとなるもの
であるときには単に推量を表す表現となります。ただし、そのような
表現は現在ではあまり用いられません。

《参考》推量型述定詞「ましょう」の用例

　　私が「行き」「ましょう」。

　　　　……「話し手」自身の実体に運動が帰属することによりもたらさ
　　　　　　れることとなるうごき

　　私と一緒に「行き」「ましょう」。

　　　　……「話し手」および「聞き手」の実体に運動が帰属することに
　　　　　　よりもたらされることとなるうごき

　　あの男が「行き」「ましょう」。

　　　　……第三者である「男」の実体に帰属することとなる運動により
　　　　　　もたらされることとなるうごき

第十章

辞〝は〟

１）辞〝は〟の担うはたらき

　辞〝は〟は、多くの場合、名詞に直接つけて用いられます。すなわち、実体表象詞、実体(総称)存在詞、実体(不定称)存在詞および実体(定称)存在詞のいずれかである単語に直接つけて用いられます。

　辞〝は〟は、それが実体表象詞である単語につけて用いられるときにはその詞の意味内容として表される実体概念そのものを、実体(総称)存在詞である単語につけて用いられるときにはその詞の意味内容として表される実体概念の適用される抽象的な個物としての事物を、文の主題としてとりたてて提示するはたらきを担います。

　辞〝は〟は、それが実体(不定称)存在詞である単語につけて用いられるときには、その詞の意味内容として表される実体概念の適用されるいくつかの具体的な個物としての事物のうちのあるものを、文の主題としてとりたてて提示するはたらきを担います。そして、いくつかの事物のそれぞれが次々ととりたてて提示されることで、複数の文が作られます。

　辞〝は〟は、それが実体(定称)存在詞である単語につけて用いられるときには、その詞の意味内容として表される実体概念の適用される具体的な個物としての事物のうちのそれと特定できる事物を、文の主題として強調をする形でとりたてて提示するはたらきを担います。

　その他、辞〝は〟は、名詞に辞〝は〟以外の辞のついた形、〝〜く〟の形の副詞、または、述定文に辞〝は〟以外の辞のついた形につけても用いられます。その際には、辞〝は〟はそれのつけて用いられた部分を、これからなされる述定の要点となる部分であると強調をする形でとりたてて提示するはたらきを担います。

　本書では、辞〝は〟の担う「とりたてて提示するというはたらき」を「とりたて」と呼び、辞〝は〟を「とりたて辞」と呼ぶこととします。

　名詞に直接つけて用いられる場合、とりたて辞〝は〟の担うはたらきの具体的内容は、その名詞が実体表象詞、実体(総称)存在詞、実体(不定称)存在

詞または実体(定称)存在詞の単語のいずれであるかにより、違ってきます。
そして、そのはたらきの違いに応じて、作られる文がどのような文となるか
が決まります。具体的には、以下のようになります。

　　　　実体表象詞＋は……………全称とりたて→全称命題文
　　　　実体(総称)存在詞＋は……総称とりたて→陳述文、指摘文、総称命題文
　　　　実体(不定称)存在詞＋は…対比とりたて→指摘文
　　　　実体(定称)存在詞＋は …強調とりたて→陳述文、指摘文、
　　　　　　　　　　　　　　　　　　　　　　　断言文、断定文

2）全称とりたて

　普通名詞の実体表象詞である単語につけて用いられる辞〝は〟は、実体表
象詞によりその意味内容として表される表される実体概念そのものを文での
主題としてとりたてて提示するはたらきを担います（以下、「全称とりたて」
という）。その際、「話し手」は実体表象詞の表す実体概念を種概念として包
括するより一般的な概念（＝類概念）を想起することをします。さらに、実
体表象詞によりその意味内容として表される実体概念のもととなる意識的存
在である実体に依存して付帯的にあるはずの属性、またはその実体に帰属す
ることとなるはずの運動をも想起します。そうすることで、実体表象詞であ
る単語につけて用いられた全称とりたてのはたらきを担う辞〝は〟の後には、
①想起された類概念である実体概念そのものをその意味内容として表す実体
表象詞である単語、②想起された属性から作られることとなる属性概念をそ
の意味内容として表す属性表象詞である単語、③想起された運動から作られ
ることとなる運動概念をその意味内容として表す運動表象詞である単語のい
ずれかが来ます。
　全称とりたての辞〝は〟の後に想起された類概念である実体概念をその意
味内容として表す実体表象詞である単語が来る場合には、〝実体表象詞＋で
＋〈ある〉〟という形のトートロジー的表現形が作られ、つねに真である命

題文となります（以下、「全称命題文」という）。属性表象詞である単語が来る場合には、それが内在的属性概念をその意味内容として表す属性表象詞であるときには全称命題文となりますが、偶有的属性概念をその意味内容として表す属性表象詞が来るときには命題文とはなりません。しかし、その属性表象詞である単語が内在的属性概念を表すものであるか偶有的属性概念を表すものであるかは、属性表象詞である単語を見ても分かりません。そこで、属性表象詞である単語が来る場合には、疑似的全称命題文ということになります。運動表象詞である単語が来る場合には、その運動表象詞は辞〝は〟のつけて用いられる実体表象詞である単語の定義にかかわる運動の運動概念をその意味内容として表すものとなるので、トートロジー的表現形が作られ、全称命題文となります。

《参考》全称とりたてのはたらきを担う辞〝は〟の用例
・実体概念の類概念として想起された実体概念そのものをその意味内容として表す実体表象詞である単語を用いたもの
　〈花〉は〈植物〉で〈ある〉。……………全称命題文
・実体概念のもととなる意識的存在である実体に依存して付帯的にあるはずとして想起された属性から作られる属性概念をその意味内容として表す属性表象詞である単語を用いたもの
　〈花〉は〈美しい〉。………………疑似的全称命題文
・実体概念のもととなる実体に帰属することとなるはずとして想起された運動から作られる運動概念をその意味内容として表す運動表象詞である単語を用いたもの
　〈飛行機〉は〈飛ぶ〉。………………全称命題文

（注）形容詞である単語を用いた全称命題文は疑似的なものとなるので、カントの命題についても、英語では形容詞である単語が用いられるのに対し、日本語では動詞である単語が用いられます。
　　　All bodies are extended. ……すべての物体は広がりを持つ。
　　　　　　　　　　　　　　　（＝〈物体〉は〈広がり〉を〈持つ〉。）

All bodies are heavy. …………すべての物体は重さを持つ。

（＝〈物体〉は〈重さ〉を〈持つ〉。）

３）総称とりたて

　実体（総称）存在詞である単語につけて用いられる辞〝は〟は、その実体（総称）存在詞である単語の意味内容として表される実体概念の適用される抽象的な個物としての事物を、文の主題としてとりたてて提示するというはたらきを担います（以下、「総称とりたて」という）。総称とりたての場合にも、全称とりたての場合と同じく、類概念である実体概念の想起が行われるとともに、実体に帰属することとなる運動についての想起が行われます。属性についての想起は行われません。

　実体（総称）存在詞である単語につけて用いられた辞〝は〟の後には、①実体表象詞である単語の〈ありません〉または〈いません〉に陳述詞〈です〉をつけて用いたもの、②うごき名詞である単語の実体表象詞に陳述詞〈ます〉をつけて用いたもの、③辞〝は〟のつけて用いられた実体（総称）総称詞がその意味内容として表す実体概念から想起された類概念である実体概念をその意味内容として表す実体（総称）存在詞に辞〝で〟を介して運動述定詞「ある」を定言型用法でつけて用いたもの、または、辞〝で〟と辞〝は〟を組み合わせて〝では〟の形としたものを介して偶有的属性概念を表す属性述定詞「ない」を定言型用法でつけて用いたもの、④想起された類概念である実体概念をその意味内容として表す実体（総称）存在詞に、述定詞に相当する詞「ます」を〝で「あり」「ます」〟の形をつけて用いたもの、または、述定詞に相当する詞「ません」を〝では「あり」「ません」〟の形でつけて用いたもの、のいずれかが来ることになります。それにより作られる文は、①と②は陳述文、③は総称命題文、④は定言型指摘文、となります。

　《参考》総称とりたてのはたらきを担う辞〝は〟の用例
　　「花」、「猫」、……実体（総称）存在詞である単語

「植物」……実体(総称)存在詞である「花」がその意味内容として表す
　　　　実体概念から想起された類概念である実体概念をその意味
　　　　内容として表す実体(総称)存在詞である単語
「動物」……実体(総称)存在詞である単語「猫」がその意味内容として
　　　　表す実体概念から想起された類概念である実体概念をその
　　　　意味内容として表す実体(総称)存在詞である単語

①実体表象詞〈ありません〉＋陳述詞〈です〉。
　　　　　　……「花」は〈ありません〉〈です〉。←陳述文
　実体表象詞〈いません〉＋陳述詞〈です〉。
　　　　　　……「猫」は〈いません〉〈です〉。←同上
②うごき名詞の実体表象詞＋陳述詞〈ます〉。
　　　　　　……「花」は〈咲き〉〈ます〉。←陳述文
　　　　　　　……「猫」は〈鳴き〉〈ます〉。←同上
③実体(総称)存在詞＋で＋「ある」。
　　　　　　……「猫」は「動物」で「ある」。←総称命題文
　実体(総称)存在詞＋で＋は＋「ない」。
　　　　　　……「猫」は「植物」では「ない」。←同上
④実体(総称)存在詞＋で「あり」「ます」。
　　　　　　……「猫」は「動物」で「あり」「ます」。←定言型指摘文
　実体(総称)存在詞＋では「あり」「ません」。
　　　　　　……「猫」は「植物」では「あり」「ません」。←同上

４）対比とりたて

　実体(不定称)存在詞である単語につけて用いられる辞〝は〟は、その実体
(不定称)存在詞である単語の意味内容として表される実体概念の種概念であ
る実体概念を表す実体(定称)存在詞で実体概念の適用される具体的な個物と
して表される事物のうちのいくつかのものを、相互に対比する形で文の主題

としてとりたてて提示するというはたらきを担います(以下、「対比とりたて」という)。

　したがって、実体(不定称)存在詞である単語に辞〝は〟をつけて用いる場合には、①実体(不定称)存在詞である単語の意味内容として表される実体概念の種概念である実体概念のうちのどれが、実体概念の適用される具体的な個物として実体(定称)存在詞である単語でそれと特定される事物に適用されるか、②実体(不定称)存在詞である単語の意味内容として表される実体概念のもととなる実体に依存して付帯的にあるはずの属性のうちのどれが、その事物の実体に依存して付帯的にあることで事物と一体化し不可分となって存在するか、③実体(不定称)存在詞である単語の意味内容として表される実体概念のもととなる実体に帰属することとなるはずの運動がその事物の実体に帰属することになるかまたは帰属しているか、について、相互に対比させながら指摘する形で述べることとなります。

　対比とりたてのはたらきを担う辞〝は〟を用いて文を作ることは、主題の同じ複数の文を相互に対比するということを目的に行われるので、できる文は主観を排除した文となることが求められます。したがって、対比とりたてのはたらきを担う辞〝は〟を用いる場合には、述定詞に相当する述定詞「です」、または、述定詞に相当する詞「ます」、「まし」、「ません」を用いた指摘文が作られます。

《参考》対比とりたてのはたらきを担う辞〝は〟の用例
　①ある具体的な個物としての事物が、実体(不定称)存在詞である単語の意味内容として表される実体概念の種概念である実体概念のうちのどれが適用される事物であるかについて指摘する。
　　　ある「木」は「桜」「です」が、ある「木」は「梅」「です」。
　　　ある「芸術家」は「小説家」「です」が、ある「芸術家」は「画家」「です」。

　②実体(不定称)存在詞である単語の意味内容として表される実体概念のもととなる実体に依存して付帯的にあるはずの属性のうちのどれが、その事物と一体化し不可分となって存在するかについて指摘する。

　　ある「花」は「大きい」「です」が、ある「花」は「小さい」「です」。

③実体(不定称)存在詞である単語の意味内容として表される実体概念の
　もととなる実体に帰属することとなるはずの運動が、その事物の実体
　に帰属することになるか、または、帰属しているかについて指摘する。
　　ある「木」は「花」が「咲き」「ます」が、ある「木」は「花」が「咲
　き」「ません」。
　　ある「木」は「花」が「咲き」「まし」「た」が、ある「木」は「花」
　が「咲き」「ません」。

5）強調とりたて

　実体(定称)存在詞である単語につけて用いられる辞〝は〟は、その実体(定
称)存在詞で実体概念の適用される具体的な個物として表されるそれと特定
される事物を文の主題として強調をする形でとりたてて提示するはたらきを
担います（以下、「強調とりたて」という）。実体(定称)存在詞である単語に
辞〝は〟のついた形は、文に必須のものではありません。すなわち、「話し手」
が「聞き手」は了解済みと判断する場合には、文から省略することができます。
　ところで、辞〝は〟は、実体(定称)存在詞である単語に直接つけて用い
られる以外に、実体(総称)存在詞もしくは実体(定称)存在詞である単語に辞
〝は〟以外の辞のついた形にも、または、〝〜く〟の形の副詞にも、つけて用
いられます。その場合には、辞〝は〟はそれのつけられた部分をそれがこれ
からなされる述定の要点となる部分であると強調をする形でとりたてて提示
するはたらきを担います。さらに、断言文または断定文の文末に辞〝は〟以
外の辞のついた形につけても用いられます。その場合にも、文末についた辞
が辞〝の〟以外のものであるときには同じはたらきを担うことになります。
しかしながら、辞〝の〟であるときには、その述定文の伝える情報内容をそ
れがこれから作られる述定文の主題となるものであるとして強調をする形で
とりたてて提示することになります。けれども、強調とりたてのはたらきを

担う辞であることに変わりはありません。

　強調とりたての辞〝は〟が、実体(定称)存在詞につけて実体述定詞、属性述定詞、運動述定詞を用いた述定文で用いられる場合には、断言文または断定文ができます。述定詞に相当する詞を用いた述定文で用いられる場合には、指示語として「指示語そ」または「指示語あ」を用いるときには指摘文が、「指示語こ」を用いるときには強調型指摘文ができます。なお、述定詞に相当する詞「です」を用いて強調型指摘文を作ることはできません。また、述定詞に相当する詞「でし」は「話し手」自身の現にいる空間とは別の空間内にある事物についての述定にのみ用いられます。

　強調とりたての辞〝は〟を陳述文において用いる場合には、文章中に時や場所を表す単語を用いて当該事物が「話し手」自身の現にいる空間とは別の空間内にあるということを明示する必要があります。また、指示語には「指示語そ」または「指示語あ」を用い、「指示語こ」を用いることはできません。

《参考１》強調とりたてのはたらきを担う辞〝は〟の用例
　実体述定詞、属性述定詞、運動述定詞である単語と組み合わせて、断言文または断定文を作ることに用いる。
　　　　この・その・あの「猫」はうちの「猫」だ。うちの「猫」です。
　　　　　　　　　　　　うちの「猫」なの。
　　　　　　　　　　　　うちの「猫」では「ある」。
　　　　　　　　　　　　うちの「猫」では「ない」。うちの「猫」でない。
　　　　　　　　　　　　「かわいい」。かわいくは「ない」。かわいく「ない」。
　　　　この・その・あの「花」は「美しい」。美しくは「ない」。美しく「ない」。
　　　　この・その・あの「男」は「行く」。「行かない」。

　運動述定詞である単語「ある」または属性述定詞である単語「ない」を定言型用法で用いたものと組み合わせることで、アル型断定文を作ることに用いる。
　　　　この・その・あの「猫」は、「三毛猫」で「ある」。
　　　　　　　　　　　　　　　　「三毛猫」では「ない」。

←「三毛猫」実体(総称)存在詞

うごき名詞の実体述定詞である単語に確認辞〝た〟のついた形と組み合わせることで、タ型断言文またはタ型断定文を作ることに用いる。
　　この・その・あの「猫」は、うちの「猫」で「あり」「た」。
　　　　　　　　　　　　うちの「猫」では「あり」た。
　　　　　　　　　　　　うちの「猫」ではなく「あり」「た」。
　　　　　　　　　　　　うちの「猫」でなく「あり」た。
　　　　　　　　　　　　かわいく「あり」「た」。
　　　　　　　　　　　　かわいくは「あり」た。
　　　　　　　　　　　　かわいくはなく「あり」「た」
　　　　　　　　　　　　かわいくなく「あり」た。
　　　　　　　　　　　　「死に」「た」。
　　　　　　　　　　　　死ななく「あり」「た」。

述定詞に相当する詞「です」、「ます」、「ません」、「まし」と組み合わせることで、指摘文を作ることに用いる。
　　……指示語には「指示語そ」または「指示語あ」を用いる。
　　その・あの「猫」は、うちの「猫」「です」。
　　　　　　　　　　　　うちの「猫」では「あり」「ます」。
　　　　　　　　　　　　うちの「猫」で「あり」「ません」。
　　　　　　　　　　　　うちの「猫」で「あり」「まし」た。
　　その・あの「花」は「咲き」「ます」。「咲き」「ません」。咲き」「まし」「た」。

述定詞に相当する詞「でし」と組み合わせることで、指摘文を作ることに用いる。
　　この・その・あの「猫」は、うちの「猫」「でし」た。

述定詞に相当する詞「ます」、「ません」、「まし」と組み合わせることで、強調型指摘文を作ることに用いる。……指示語には「指示語こ」を用いる。

この「猫」は、うちの「猫」で「あり」「ます」。

うちの「猫」では「あり」「ません」。

うちの「猫」で「あり」「まし」た。

この「花」は「咲き」「ます」。「咲き」「ません」。咲き」「まし」「た」。

陳述詞〈ます〉、〈ません〉、〈まし〉または〈でし〉と組み合わせて、陳述文を作ることに用いる。

　……文章中に時や場所を表す単語を用い、指示語には「指示語そ」または「指示語あ」を用いる。

その・あの「猫」は今でもその家に〈い〉〈ます〉。

その・あの「猫」は今ではもう〈い〉〈ません〉。

その後まもなく、その・あの「猫」は〈死に〉〈まし〉た。

気付くと、そこに、その・あの「猫」はもう〈いません〉〈でし〉た。

その日、その・あの「男」は〈歌いません〉〈でし〉た。

《参考２》名詞に他の辞のついた形または〝〜く〟の形の副詞につく強調とりたての辞〝は〟の用例

「大学」には「行き」「ます」。「大学」←実体(総称)存在詞

この・その・あの「大学」には「行く」。「行かない」。

「大学」←実体(定称)存在詞

「猫」では「ない」。　　　「猫」←実体(総称)存在詞

うちの「猫」では「ある」。「猫」←実体(定称)存在詞

うちの「猫」では「ない」。「猫」←実体(定称)存在詞

そこに「置き」ては「ある」。

あそこには「行かない」。一緒には「行かない」。

かわいくは「ある」。楽しくは「ない」。

《参考3》述定文の文末に他の辞のついた形につく強調とりたての辞〝は〟の用例（注）

述定文の文末に辞〝は〟以外の辞のついた形につけられることで、そ

のつけられた部分をこれからなされる述定の要点となる部分であると
強調をする形で提示することになるもの
　「大学」に「行こう」とは、「思い」「ません」。
　　　← 〝「大学」に「行こう」〟＋辞〝と〟＋辞〝は〟

述定文に辞〝の〟のついた形につけられることで、述定文の伝える情
報内容をこれから作られる述定文の主題であると強調をする形で提示
することになるもの
　この・その・あの山に「登る」のは、難しい。
　　　← 〝この・その・あの山に「登る」〟＋辞〝の〟＋辞〝は〟
　　　　＝ この・その・あの山に「登る」という「こと」は
　私が「学校」に「行く」のは、午前中だけです。
　　　← 〝私が「学校」に「行く」〟＋辞〝の〟＋辞〝は〟
　　　　＝ 私が「学校」に「行く」という「時間」は

（注）〝のは〟の形で用いられる辞〝は〟については、第十三章で詳しく取
　　　り上げることとします。

第十一章

辞 〝が〟

1）辞〝が〟の担うはたらき

　辞〝が〟は、実体(総称)存在詞または実体(定称)存在詞である単語につけて用いられます。その際、辞〝が〟は、詞によって実体概念の適用される抽象的な個物または具体的な個物として表される事物が、①運動の主体である、②主題として提示された事物の有する感情、意志・意欲あるいは能力の対象となる客体である、または、③陳述や述定の対象である、ということのいずれかを標識するはたらきを担います。さらに、辞〝が〟は、述定文の文末に辞〝の〟や辞〝か〟などのついた形につけても用いられます。その際には、述定文の伝える情報内容がこれから作られる述定文の述定の対象となるものであるということを標識するはたらきを担います。

2）主体の標識

　辞〝が〟が次のようにして用いられる場合には、それのつけて用いられる詞によって実体概念の適用される抽象的な個物として表される事物が運動の主体であるということを標識するはたらきを担います（以下、「主体標識辞」という）。

a）陳述詞〈ます〉を用いた陳述文において、実体(総称)存在詞である単語につけて用いられる場合

b）繰り返される「うごき」について述べる陳述詞〈ます〉を用いた陳述文において、実体(定称)存在詞である単語につけて用いられる場合。ただし、その実体(定称)存在詞である単語で具体的な個物として表される事物が「話し手」自身の現にいる空間とは別の空間内にあるということを明示するために、文章中に時や場所を表す単語を用いたり仮

定条件を設定したりすることが必要となります。また、指示語として
「指示語そ」を用います。

《参考》辞〝が〟を主体標識辞として用いる用例
・陳述詞〈ます〉を用いた陳述文において、実体(総称)存在詞である単
　語につけて用いる。
　　春には、「花」が〈咲き〉〈ます〉。「鳥」が〈鳴き〉〈ます〉。

・繰り返される「うごき」について述べる陳述詞〈ます〉を用いた陳述
　文において、実体(定称)存在詞である単語につけて用いる。文章中に
　時や場所を表す単語を用いたり仮定条件を設定したりするとともに、
　「指示語そ」を用いる。
　　毎年、春になれば、その「花」が〈咲き〉〈ます〉。
　　毎朝、家の前を、その「男の子」が〈通り〉〈ます〉。

3) 客体の標識

辞〝が〟は次のような表現に用いられます。

　〝私にはそれがうれしい。〟
　〝私はそれがやりたい。〟
　〝私はそれができる。〟　〝私にはそれができる。〟

　これらは、感情、意志・意欲あるいは能力の具体的なありようについての
表現と言うことができます。これらの表現でのように、実体(定称)存在詞
である単語に辞〝は〟を直接、または、他の辞を介してつけた形で何らかの感
情、意志・意欲あるいは能力を有する事物が具体的な個物として主題として
提示された文中において、辞〝が〟が実体(総称)存在詞または実体(定称)存
在詞である単語につけて用いられる場合には、辞〝が〟は、それらの詞によっ

て表される事物が主題として提示された事物の有する感情、意志・意欲あるいは能力の向けられる対象となる事物（以下、「客体」という）であるということを標識するはたらきを担います（以下、「客体標識辞」という）。そして、その主題として提示された事物が「話し手」自身の現にいる空間内にある事物であるときには述定文が、現にいる空間とは別の空間内にある事物であるときには陳述文が作られます。

　なお、主題として提示される事物が「話し手」自身の現にいる空間内にある事物であるか別の空間内にある事物であるかは、その事物を表す実体(定称)存在詞である単語につけて用いられる指示語などによって示されることになります。

《参考》辞〝が〟の客体標識辞としての用例
　　（ここでは、「山」、「運転」を実体(総称)存在詞である単語、「富士山」を実体(定称)存在詞である単語、それぞれの例としてとりあげ、客体標識辞の〝が〟がどのように使い分けされるかを見ていきます。）

陳述文
　　……主題とされる事物が「話し手」自身の現にいる空間とは別の空間内にある事物である場合
　　　・別の空間を「話し手」のみの知るとき
　　　　←指示語に「指示語こ」または「指示語そ」を用いる。
　　　　　この・その「男」には、「山」が〈見え〉〈まし〉た。
　　　　　　　　　　　　　　　　　「富士山」が〈見え〉〈まし〉た。
　　　　　この・その「男」は、「運転」が〈でき〉〈まし〉た。
　　　　　この・その「男」は、「運転」が〈できません〉〈でし〉た。
　　　　←指示語に「指示語そ」を用いる。
　　　　　その「男」には、「山」が〈見え〉〈ます〉。〈見え〉〈ません〉。
　　　　　　　　　　　　「富士山」が〈見え〉〈ます〉。〈見え〉〈ません〉。
　　　　　その「場所」からは、「山」が〈見え〉〈ます〉。〈見え〉〈ません〉。
　　　　　　　　　　　　「富士山」が〈見え〉〈ます〉。〈見え〉〈ません〉。

・別の空間を「聞き手」も知るとき
　　←指示語に「指示語そ」または「指示語あ」を用いる。
　　　その・あの「男」は、「運転」が〈でき〉〈まし〉た。
　　　その・あの「男」は、「運転」が〈できません〉〈でし〉た。

……仮定条件を設定するとき
　　←指示語には「指示語そ」または「指示語あ」を用いる。
　　　その・あの「男」で〈あれ〉ば、「運転」が〈でき〉〈ます〉。
　　　そこでで、あそこでで〈あれ〉ば、「運転」が〈でき〉〈ます〉。

述定文
　……主題とされる事物が「話し手」自身の現にいる空間内にある事物
　　である場合
・断言文または断定文
　　←指示語には「指示語こ」、「指示語そ」、「指示語あ」のいずれかを用いる。
　　　この・その・あの「場所」からは、「山」が「見える」。
　　　　　　　　　　　　　　　　「富士山」が「見える」。
　　　この・その・あの「男」は、「運転」が「できる」。
　　　この・その・あの「男」は「運転」が「嫌い」だ。

・タ型断言文またはタ型断定文
　　←指示語には「指示語こ」、「指示語そ」、「指示語あ」のいずれかを用いる。
　　　この・その・あの「場所」からは、「山」が「見え」た。
　　　　　　　　　　　　　　　　「富士山」が「見え」た。
　　　この・その・あの「男」には、「山」が「見え」た。
　　　　　　　　　　　　　　　　「富士山」が「見え」た。
　　　この・その・あの「男」は「運転」が「嫌い」で「あり」た。

・指摘文

　←指示語には「指示語そ」または「指示語あ」を用いる。

　　　その・あの「男」には、「山」が「見え」「ます」。

　　　　　　　　　　　　　　　「見え」「ません」。「見え」「まし」た。

　　　その・あの「男」は、「運転」が「でき」「ます」。

　　　　　　　　　　　　　　　「でき」「ません」。「でき」「まし」た。

　　　その・あの「男」は「運転」が「嫌い」「です」。

　　　　　　　　　　　　　　　　　では「あり」「ます」。

　　　　　　　　　　　　　　「嫌い」で「あり」「ません」。

　　　　　　　　　　　　　　　　　では「あり」「まし」た。

　←指示語には「指示語こ」、「指示語そ」、「指示語あ」のいずれかを用いる。

　　　この・その・あの「男」は「運転」が「嫌い」「でし」た。

・強調型指摘文

　←指示語には「指示語こ」を用いる。

　　　この「男」には「山」が「見え」「ます」。「見え」「ません」。

　　　　　　　　　　　　　「見え」「まし」た。

　　　この「男」には「富士山」が「見え」「ます」。「見え」「ません」。

　　　　　　　　　　　　　　「見え」「まし」た。

　　　この「男」は、「運転」が「でき」「ます」。「でき」「ません」。

　　　　　　　　　　　　　「でき」「まし」た。

　　　この「男」は「運転」が「嫌い」で「あり」「ます」。

　　　　　　　　　　　　　では「あり」「ません」。

　　　　　　　　　　「嫌い」で「あり」「まし」た。

（注）〝見える〟、〝できる〟などの表現で示される可能性には、「状況として
　　の可能性」と「能力としての可能性」の二つがあります。「状況として
　　の可能性」である場合には、主題として提示される事物を表す名詞に
　　辞〝に〟を介して強調とりたての辞〝は〟をつけて〝〜には〟の形と
　　します。「能力としての可能性」である場合には、辞〝は〟を直接つけ

て、〝〜は〟という形とします。ただし、それが「話し手」である場合には、〝この私は〟または〝この私には〟の形のものは省略されることが多くなります。

　なお、「状況としての可能性」である場合には、仮定条件を設定して陳述文を作ることができます。

4）対象の標識

　辞〝が〟は、客体標識辞として用いられる場合を除き、それが実体（定称）存在詞である単語につけて用いられる場合には詞によって実体概念の適用される具体的な個物として表される事物が陳述または述定の対象であるということを標識するはたらきを担います（以下、「対象標識辞」という）。実体（定称）存在詞である単語に辞〝が〟のついたその形は、「話し手」自身の現にいる空間内にある事物についての述定文を作ることに用いられます。ただし、文章中に時や場所を表す単語が用いられてその事物が「話し手」自身の現にいる空間とは別の空間内にあると明示されるときには、陳述文が作られます。

　対象標識辞〝が〟は、さらに、述定文の文末に辞〝の〟や辞〝か〟のついた形につけても用いられます。その場合には、述定文の伝える情報内容がこれから作られる述定文によってなされる述定の対象であるということを標識することになります。この形で用いられる辞〝の〟は、述定文の同格とらえ直しの形である〝という「こと」〟に代えて用いられる辞とみなすことができます。また、辞〝か〟の後には、そこにあるはずの辞〝の〟が省略されていると考えることができます（詳しくは、「第十二章とらえ直し」の章を参照）。

《参考》実体（定称）存在詞である単語に対象標識辞〝が〟のついた形の用例
　述定の対象であることを標識するとき
　・断言文または断定文
　　←指示語には「指示語こ」、「指示語そ」、「指示語あ」のいずれかを用いる。
　　　この・その・あの「山」が「富士山」だ。「富士山」です。

　　　この・その・あの「山」が「富士山」なの。
　　「富士山」が「ある」。「美しい」。
　　　この・その・あの「花」が「咲く」。「咲かない」。
　　　この・その・あの「花」が「咲き」た。
　　　　　　　　　　　　　咲かなく「あり」「た」。
　　　　　　　　　　　　　美しく「あり」「た」。

・アル型断定文
　　←指示語には「指示語こ」、「指示語そ」、「指示語あ」のいずれかを用いる。
　　　　この・その・あの「猫」が「三毛猫」で「ある」。

・強調型指摘文
　　←指示語には「指示語こ」を用いる。
　　　　この私が「やり」「ます」。「やり」「まし」た。
　　　　この「花」が「咲き」「ます」。「咲き」「まし」た。
　　　　この「花」が「桜」で「あり」「ます」。で「あり」「まし」た。
　　　　この「夏目漱石」が『吾輩は猫である』を「書き」「まし」た。

・指摘文
　　←指示語には「指示語そ」または「指示語あ」を用いる。
　　　　その・あの「木」が「桜」「です」。
　　　　その・あの「花」が「咲き」「ます」。「咲き」「ません」。
　　　　　　　　　　　　　　「咲き」「まし」た。
　　←指示語には「指示語こ」、「指示語そ」、「指示語あ」のいずれかを用いる。
　　　　この・その・あの「山」が「富士山」「でし」た。

陳述の対象であることを標識するとき
・陳述文
　　……「話し手」の現にいる空間とは別の空間内にある事物について述べ
　　　る場合。

・別の空間を「話し手」のみの知るとき
　　←指示語には「指示語こ」または「指示語そ」を用いる。
　　　　今年の春には、この・その「花」が〈咲き〉〈まし〉た。
　　　　今年の春には、この・その「花」が〈咲きません〉〈でし〉た。
　　　　この・その「夏目漱石」が『吾輩は猫である』を〈書き〉〈まし〉た。

・別の空間を「聞き手」も知るとき
　　←指示語には「指示語そ」または「指示語あ」を用いる。
　　　　あそこでは、その・あの「花」が〈咲き〉〈まし〉た。
　　　　春には、その・あの「花」が〈咲き〉〈まし〉た。
　　　　春に、その・あの「花」が〈咲きません〉〈でし〉た。
　　　　昨日、その・あの「花」が〈咲き〉〈まし〉た。
　　　　その・あの「夏目漱石」が『吾輩は猫である』を〈書き〉〈まし〉た。

　なお、「話し手」の述べ方として、まず、時や場所を表す単語を用いて「話し手」が「聞き手」とともに今現在そこにいる空間とは別の空間を設定しs、その空間内にある事物を実体(定称)存在詞である単語によって表し述定文で述べるという述べ方があります。その際には、「話し手」はそこに辞〝が〟を対象標識辞としてつけて用います。そうやって述定の対象であるということを示すことで、その事物の存在を「聞き手」に知らせると同時に、自分たちが現にその空間内にいるということを「聞き手」に知らせます。そのようにして用いられる対象標識辞〝が〟を、「発見の〝が〟」と言います。そして、「話し手」は断言文または断定文を用いて語るか、述定詞に相当する詞を用いて指摘文で語るかすることになります。

《参考》
　昔、昔、おじいさんとおばあさんが「あり」「まし」た。
　おじいさんは山に芝刈りに、おばあさんは川に洗濯に「行き」「まし」た。

第十二章

とらえ直し

1）とらえ直しの基本形

　辞〝と〟に運動表象詞である単語〈言う〉のついた形をもととした〝という〟の形を用いて、名詞である単語によりその詞の意味内容として表される実体概念の適用される個物として表される事物または述定文の伝える情報内容をとらえ直すことができます。とらえ直しには、名詞である単語により表される事物をとらえ直すとらえ直し（以下、「単語のとらえ直し」という）および述定文の伝える情報内容をとらえ直すとらえ直し（以下、「述定文のとらえ直し」という）とがあります。その基本形は次のようになります。

　　　実体(総称)存在詞＋という＋別の実体(総称)存在詞である単語
　　　実体(総称)存在詞＋という＋形式名詞「もの」
　　　実体(定称)存在詞＋という＋形式名詞「の」
　　　実体(定称)存在詞＋という＋別の定称詞(実体(定称)存在詞または
　　　　　　　　　　　　　　　実体述定詞)である単語
　　　述定文＋という＋形式名詞「の」
　　　述定文＋という＋定称詞(実体(定称)存在詞または実体述定詞)で
　　　　　　　　　　　ある単語「こと」

2）単語のとらえ直し

　単語のとらえ直しは、実体(総称)存在詞または実体(定称)存在詞である単語を対象に行われます。
　実体(総称)存在詞である単語を対象にとらえ直しを行う場合には、〝という〟の後には別の実体(総称)存在詞である単語、または、形式名詞「もの」が来ます。
　まず、〝という〟の後にとらえ直される実体(総称)存在詞である単語とは

別の実体(総称)存在詞である単語が来る場合です。その場合の単語のとらえ直しは、実体(総称)存在詞である単語で抽象的な個物として表される事物を別の実体(総称)存在詞である単語で抽象的な個物として表される事物としてとらえ直すこととなり、いわば、言い換えの表現となります（以下、「総称とらえ直し」という）。ただし、とらえ直される実体(総称)存在詞である単語と同じ実体(総称)存在詞である単語が来る場合には、単語のとらえ直しではなく、「その単語で表されるすべてのもの」を表す表現となります。

次に、〝という〟の後に形式名詞「もの」が来る場合です。その場合には、実体(総称)存在詞である単語で抽象的な個物として表される事物が、形式名詞である単語「もの」によってより抽象的な一般化された形でとらえ直されることになります（以下、「抽象とらえ直し」という）。したがって、抽象とらえ直しは、もとの単語で抽象的な個物として表される事物を思考の対象としてより客観的に把握することを意図して行われるとらえ直しと言うことができます。この形でのとらえ直しは、総称命題文または定言型指摘文を作る際に行われます。

実体(定称)存在詞である単語のとらえ直しの場合には、実体(定称)存在詞に〝という〟のついた形の後に形式名詞「の」、または、別の定称詞である単語が来ます。

まず、形式名詞「の」の来る場合です。形式名詞「の」は、もともとは実体(総称)存在詞である単語「もの」が約められてできた「の」と言うことができます。そして、その形式名詞「の」が、形式名詞である単語「もの」の代わりとしてだけではなく、実体(総称)存在詞である単語「こと」の代わりにも用いられるようにもなったと考えられます。したがって、形式名詞「の」は、形式名詞である単語「もの」と実体(総称)存在詞である単語「こと」に代えて用いられる名詞ということになります。ところで、形式名詞である単語「もの」は、形のある物体をはじめとして存在の感知できる対象である事物を抽象的な個物として漠然ととらえて表します。また、実体(総称)存在詞である単語「こと」は、意識・思考の対象のうち具象的・空間的でなく抽象的に考えられる事物を抽象的な個物として表します。そこで、形式名詞「の」による実体(定称)存在詞である単語のとらえ直しは、形式名詞「の」を形式

名詞である単語「もの」または実体(総称)存在詞である単語「こと」のいずれかに代わるものとして用いることで、実体(定称)存在詞である単語の意味を思考・想像の対象としてより客観的に把握することを意図して行われるとらえ直しと言うことができます(以下、「包摂とらえ直し」という)。

　形式名詞「の」を用いた包摂とらえ直しは、多くの場合、形式名詞「の」を実体(総称)存在詞である単語「こと」に代わるものとして用いて行われます。そこで、できる文の多くは、〝〜という「の」は〜「こと」で「ある」〟という形の総称命題文、または、〝〜という「の」は〜「こと」で「あり」「ます」〟という形の定言型指摘文となります。

　形式名詞「の」を用いて実体(定称)存在詞である単語のとらえ直しを行った包摂とらえ直しの〝という〟の部分は、基本的に省略をされません。しかしながら、〝〜という「の」〟の形に辞〝は〟がつけて用いられるときには、約められて〝〜とは〟となることが多くあります。そのときには、用いられる辞〝は〟は、約められる前には総称とりたての辞〝は〟であったものが強調とりたての辞〝は〟であるものへと変化することになります。すなわち、強調とりたての辞〝は〟がそこにつけて用いられることで、実体(定称)存在詞に辞〝と〟のついた部分がこれからなされる述定の要点となる部分であるとして強調される形でとりたてて提示されることになります。したがって、〝〜とは〟の形とするときには、断言文が作られることになります。具体的には、形式名詞「の」を形式名詞である単語「もの」に代えて用いた包摂とらえ直しの形からは〝〜とは〜だ〟の形の文が、実体(総称)存在詞である単語「こと」に代えて用いた包摂とらえ直しの形からは、〝〜とは〜の「こと」だ〟または〝〜とは〜「こと」だ〟という形の文が作られます。

　次に、〝という〟の後に別の定称詞(実体(定称)存在詞または実体述定詞)である単語の来る場合です。その場合には、とらえ直される単語はとらえ直しに用いられる単語と同格の関係にあり、いわば、言い換えの表現となります(以下、「同格とらえ直し」という)。

《参考》単語のとらえ直しの例
　・総称とらえ直し

「学校」という「教育機関」
　　……「学校」、「教育機関」実体(総称)存在詞
(注)「学校」という「学校」→すべての「学校」

・抽象とらえ直し
　「学校」という「もの」
　　……「学校」実体(総称)存在詞。「もの」形式名詞
　　→「学校」という「もの」は〈勉強する〉「ところ」で「ある」。
　　→「学校」という「もの」は〈勉強する〉「ところ」で「あり」「ます」。

・包摂とらえ直し
　形式名詞「の」を形式名詞である単語「もの」に代えて用いた用例
　「学校」という「の」……「学校」実体(定称)存在詞
　　→「学校」という「の」は〈勉強する〉「ところ」で「ある」。
　　→「学校」という「の」は〈勉強する〉「ところ」で「あり」「ます」。

　形式名詞「の」を実体(総称)存在詞である単語「こと」に代えて用いた用例
　「運動」という「の」……「運動」実体(定称)存在詞
　　→「運動」という「の」は体を〈動かす〉「こと」で「ある」。
　　→「運動」という「の」は体を〈動かす〉「こと」で「あり」「ます」。

〝という「の」〟の省略形
　「学校」とは→「学校」とは勉強を〈する〉「ところ」だ。
　　　　　　　→「学校」とは〈勉強する〉「ところ」の「こと」だ。
　「運動」とは→「運動」とは体を〈動かす〉「こと」だ。

　　　(注)「学校」は「もの」である場所としてのほかに、そこで、行わ
　　　　　　れる「こと」としてもとらえられる。それに対して、「運動」
　　　　　　は「こと」としてのみとらえられる。

・同格とらえ直し
　「夏目漱石」という「作家」
　「東京」という「大都会」

(注)〝の〟には、普通名詞の実体(定称)存在詞である単語「者」を約めた形
　　のものもあるので、注意が必要です。

　　→「夏目漱石」という「の」は、有名な「作家」です。

3）述定文のとらえ直し

　述定文のとらえ直しは、形式名詞「の」を実体(総称)存在詞である単語「こと」に代わるものとして用いて〝述定文＋という「の」〟という包摂とらえ直しの形を作る、または、定称詞(実体(定称)存在詞または実体述定詞)である単語「こと」を用いて〝述定文＋という「こと」〟という同格とらえ直しの形を作る、のいずれかをすることで行われます。
　なお、述定文のとらえ直しは、断言をする形で述べる述定文を対象にして行われます。これは、とらえ直しは述定文の情報内容をより正確に伝えるために行うものであることから、とらえ直される述定文の伝える情報内容を正確に把握しておく必要があるからです。
　形式名詞「の」を用いた〝述定文＋という「の」〟の形でのとらえ直しは、述定文の伝える情報内容を思考・想像の対象としてより客観的に把握することを意図して行われる包摂とらえ直しとなります。その形に辞〝は〟がつけて用いられる場合には、辞〝は〟は総称とりたての辞としてのはたらきを担い、情報内容を文の主題とする総称命題文または定言型指摘文が作られることになります。〝述定文＋という「の」〟の形から〝という〟の部分が省略されることは、基本的にありません。ただし、省略をされて、述定文に辞〝と〟をつけた〝〜とは〟の形が用いられることがあります。その場合には、断言

文が作られることになります。

　定称詞(実体(定称)存在詞または実体述定詞)である単語「こと」を述定文のとらえ直しに用いてできる〝述定文＋という＋「こと」〟の形は、述定文の伝える情報内容の同格とらえ直しとなります。その形に辞〝は〟または辞〝が〟をつけて用いることで、述定文が作られます。〝という「こと」〟の部分は省略されません。ただし、文が長くなることを避けるために、その部分を辞〝の〟で置き換えることが、多くの場合、行われます。その場合の辞〝の〟は、〝〜という「こと」〟の意を表す辞として用いられます。

　なお、形式名詞「の」を用いて行われた述定文のとらえ直しの形と似た形として、終助詞とされる辞〝の〟もしくは辞〝もの〟を用いてできる形があります。それらの形を混同しないようにすることが大切です（注）。

《参考》述定文の情報内容のとらえ直しの例

　包摂とらえ直し

　　この・その・あの「花」が「咲く」＋という＋「の」

　　　→この・その・あの「花」が「咲く」という「の」は、〈異常〉な「こと」で「あり」「ます」。

　　　→この・その・あの「花」が「咲く」とは、「異常」だ。

　同格とらえ直し

　　この・その・あの「花」が「咲く」という「こと」は、〈うれしい〉「こと」だ。

　　　→この・その・あの「花」が「咲く」のは、〈うれしい〉「こと」だ。

　　この・その・あの「花」が「咲く」という「こと」が、「楽しみ」だ。

　　　→この・その・あの「花」が「咲く」のが、「楽しみ」だ。

　（注）いわゆる終助詞である辞〝の〟、辞〝もの〟の用例

　　　　→「春」には、この・その・あの「花」が「咲く」と「言う」のだ。

　　　　→「春」には、この・その・あの「花」が「咲く」ものだ。

　　　　→「春」には、「花」が「咲く」のだ。

　述定文のとらえ直しには、「こと」以外の定称詞である単語、たとえば、時や場所を表す単語も用いられます。その場合のとらえ直しは、述定文の伝える情報のより具体的な内容、すなわち、それによりもたらされた結果、それの起きた場所や時間など情報内容の要点に絞ってのとらえ直しとなります（以下、「要点とらえ直し」という）。こうした要点とらえ直しでは、多くの場合、〝という〟の部分が省略されます。しかしながら、〝という〟の部分が省略されると、伝えようとする情報内容とは異なる情報として解釈される可能性が出てきます。そうなることを避けるためには、要点を表す実体（定称）存在詞である単語に「指示語そ」または「指示語あ」をつけて用いることで、その単語が述定文の要点とらえ直しの要点を表すために用いられた単語であるということを明示する必要があります。

《参考》「こと」以外の実体（定称）存在詞である単語を用いた要点とらえ直しの例
　　この・その・あの「男」が学校に「行く」という時
　　　→この・その・あの「男」が学校に「行く」時
　　　　（解釈１）この・その・あの「男」の学校に〈行く〉時
　　　　（解釈２）この・その・あの「男」が学校に「行く」その時
　　あなたが学校に「行き」「た」という時
　　　→あなたが学校に「行き」「た」時
　　　　（解釈１）あなたの学校に〈行き〉た時
　　　　（解釈２）あなたが学校に「行き」「た」その・あの時

４）準詞または助詞を用いたとらえ直し

　述定文の要点とらえ直しには、とらえ直しに用いられる実体（定称）存在詞である単語として準詞を用いることができます。要点とらえ直しに準詞を用いる場合には、とらえ直された述定文の伝える情報内容を「話し手」自身の

判断を加えて提示するためのとらえ直しとなります。とらえ直された述定文の伝える情報内容に対して「話し手」が中立的な立場に立つときには、〝という〟の部分は省略されません。しかし、情報内容を受け容れる立場に立つときには省略されます。なお、省略をする際には、述定文中に用いられている対象標識辞〝が〟を辞〝の〟に置き換える必要があります。

《参考》実体(定称)存在詞である単語として準詞を用いた要点とらえ直し

　準詞〝はず〟、〝ため〟の場合

　　→この・その・あの「花」が「咲く」＋という＋「はず」、「ため」

　　　　　　　　　　　　　　　　　　　　………中立的判断

　　この・その・あの「花」が「咲く」という「はず」は、ない。

　　この・その・あの「花」が「咲く」という「ため」には、肥料が必要だ。

　　→この・その・あの「花」の〈咲く〉「はず」、「ため」

　　　　　　　　　　　　　　　　　　………自身の判断

　　この・その・あの「花」の〈咲く〉「はず」は、ない。

　　この・その・あの「花」の〈咲く〉「ため」には、肥料が必要だ。

(注１)〝という〟の部分をただ省略するときには、伝えようとする情報内容と異なる情報として解釈される可能性が出てきます。

　　　　この・その・あの「花」が「咲く」という「ため」に

　　　　→この・その・あの「花」が「咲く」「ため」に

　　　　(解釈１)そのせいで

　　　　(解釈２)そのために

(注２)準詞は実体述定詞である単語としてとらえ直しに用いられることはありません。あくまで実体(定称)存在詞である単語として用いられます。そして、それが独立語格の述定詞として用いられるときには、自身の判断を表すことになります。

　　　　その「はず」だ。その「ため」だ。

　なお、準詞および助詞は、動詞〝言う〟とともに用いられることで、とらえ直しと似た形を作ります。その場合には、準詞は実体(定称)存在詞である単語として用いられ、〝述定文＋と＋運動表象詞〈言う〉＋準詞〟、の形となります。一方、助詞は辞である単語として用いられ、〝述定文＋と＋運動述定詞「言う」＋助詞（辞）〟の形となります。

《参考》準詞または助詞を、動詞〝言う〟を用いた〝と言う〟の形につけて
　　　用いた例
　　　・準詞は実体(定称)存在詞である単語として用いられる。実体(定称)
　　　　存在詞であるので、独立語格の述定詞としても用いられる。
　　　　　あの「男」が「大学」に「行く」と〈言う〉「はず」が「ない」。
　　　　　　＝「大学」に「行く」とあの「男」の〈言う〉「はず」が「ない」。
　　　　　　「大学」に「行く」と、きっと、〈言う〉「はず」だ。

　　　・助詞は辞である単語として用いられる。
　　　　　あの「男」が「花」が「咲く」と「言う」から、この「花」は必ず「咲く」。
　　　　　あの「男」が「花」が「咲く」と「言う」からだ。
　　　　　　＝「花」が「咲く」とあの「男」が「言う」からだ。

5）準詞〝よう〟および助詞〝そう〟の独自性

　準詞である単語〝よう〟および助詞である単語〝そう〟は、他の準詞や助詞である単語とは、その用いられ方に違いがあります。
　まず、漢字で〝様〟と表記することもできる準詞である単語〝よう〟は、他の名詞と結びつけることで新たな名詞を作ることに用いられます。

《参考》
　　考え＋よう→考えよう＝考え様
　　見＋よう→見よう＝見様

次に、準詞である単語〝よう〟は、実体（定称）存在詞である単語として〝という「よう」に〟の形で述定文の要点とらえ直しに用いられます。その際、「話し手」は、述定文の伝える情報内容を観察情報または伝聞情報として伝えます。〝という「よう」に〟の部分が省略をされるときには引用辞〝と〟を用いた〝述定文＋と〟の形となります。その際には、観察情報であるか伝聞情報であるかは、その後に「見える」、「聞く」というような運動述定詞が適宜つけて用いられることで示されます。

　なお、準詞である単語〝よう〟は、それを独立語格の述定詞である単語として述定文の要点とらえ直しに用いる場合には、〝という「こと」に〈なる〉「よう」〟の形とすることで述定文の伝える情報内容を観察情報として伝えたり、〝という「こと」の「よう」〟の形とすることで伝聞情報として伝えたりすることになります。その際には、多くの場合、〝という「こと」に〈なる〉〟または〝という「こと」の〟の部分は省略されます。省略するときには、述定文で用いられた運動述定詞である単語を運動表象詞であるものに代え、準詞である単語の「よう」がその運動表象詞である単語により修飾を受ける形とする必要があります。観察情報であるか伝聞情報であるかは、文脈で判断されます。

　一方、漢字の〝様〟の転であるとも〝相〟の字音であるとも言われる助詞である単語〝そう〟は、実体表象詞または実体定称詞である他の単語につけて接尾語として用いられ、観察情報を伝えるはたらきを担います。また、その実体表象詞に相当するものが辞である単語として用いられます。具体的には、辞である単語〝そう〟が辞〝だ〟とともに断言文またはタ型断定文につけて用いられ、伝聞情報を伝えるというはたらきを担います。また、単語〝そう〟は実体（定称）存在詞である単語としても用いられます。しかし、それが述定文の要点とらえ直しに用いられるということはありません。

《参考》準詞である単語〝よう〟と助詞である単語〝そう〟の用例
　１．準詞である単語〝よう〟の用法
　　・実体表象詞としての用例

　　　その〈よう〉な「こと」
　　　その〈よう〉な「話」

・実体(総称)存在詞としての用例
　　　そんな「よう」に見える。　　……観察情報
　　　　　　　　　　に聞いている。……伝聞情報

・実体(定称)存在詞としての用例
　　　その「よう」に見える。　　……観察情報
　　　　　　　　に聞いている。……伝聞情報
　　　あの「男」は学校に〈行く〉「よう」に見える。　　……観察情報
　　　　　　　　　　　　　　　　　に聞いている。　……伝聞情報
　　　あの「男」は学校に「行く」という「よう」に見える。……観察情報
　　　　→あの「男」は学校に「行く」と見える。
　　　あの「男」は学校に「行く」という「よう」に聞いている。……伝聞情報
　　　　→あの「男」は学校に「行く」と聞いている。

・実体(定称)存在詞の独立語格の述定詞としての用例
　　　学校に「行く」という「こと」に〈なる〉「よう」だ。………観察情報
　　　　→学校に〈行く〉「よう」だ。　　　　……観察または伝聞情報
　　　学校に「行く」という「こと」の「よう」だ。　　　……伝聞情報
　　　　→学校に〈行く〉「よう」だ。　　　　……観察または伝聞情報

２．助詞である単語〝そう〟の用法
　・接尾語としての用例……観察情報
　　　〈寒そう〉な、〈楽しそう〉な、〈死にそう〉な　　　　……実体表象詞
　　　「寒そう」に、「楽しそう」に、「死にそう」に　　……実体(定称)存在詞
　　　「寒そう」だ。「楽しそう」だ。「死にそう」だ。　……独立語格の述定詞
　　　あの男は学校に行くという「こと」に「なりそう」だ。　　……同上

・辞としての用例……伝聞情報

　　あの「男」は学校に「行く」そうだ。

　　あの「男」は学校に「行き」「た」そうだ。

　　あの「男」は学校に「行く」という「こと」に「なる」そうだ。

　　　→あの「男」は学校に「行く」そうだ。

　　あの「男」が学校に「行く」という「こと」に「なる」そうだ。

　　　→あの「男」が学校に「行く」そうだ。

・実体(定称)存在詞としての用例

　　「そう」ではない。

・実体(定称)存在詞の独立語格の述定詞としての用例

　　「そう」だ。

第十三章

「のだ文」、「のです文」、「のである文」

1）述定文の文末につく辞〝の〟について

　〝の〟という単語には、形式名詞として用いられるものや単語「もの」を約めた形としてそれに代えて用いられるものがあります。もちろん、いわゆる助詞と呼ばれる辞として用いられるものもあります。そして、その辞である単語〝の〟の用い方にもいろいろあります。ここでは、断言文や断定文などの述定文の文末につけて用いられる辞〝の〟について、それがどのように用いられているのかについて見ていきたいと思います。

　断言文や断定文などの述定文の文末につけて用いられる辞〝の〟には、まず、いわゆる終助詞として用いられるものがあります。さらに、述定文の同格とらえ直しの形である〝という「こと」〟や、要点とらえ直しの形である〝という「場所」〟、〝という「理由」〟、〝という「時」〟などと同じ意を表すものとして用いられるものがあります。そして、文末につけて用いられる辞〝の〟には、直接または他の辞を介して辞〝は〟をつけた形で用いられるものと、辞〝は〟をいかなる形にせよつけないで用いられるものとがあるということにも注意しなければなりません。

　以上のことを念頭において、述定文の文末につけて用いられた辞〝の〟の後に辞〝は〟、辞〝に〟、辞〝で〟をつけて用いるときの用い方を詳しく見ていくと、述定文の文末につく辞〝の〟の用い方には次の五つに分類できるもののあることが分かります。

　　①辞〝の〟を同格とらえ直しの形である〝という「こと」〟の意を表すものとして用い、そこに辞〝は〟を直接つけて用いることで、新たに作られる述定文での主題を提示することとなるもの

　　　〝雨が降る〟＋〝の〟＋〝は〟　　雨が降るのは、仕方がない。

　　②辞〝の〟を〝という「場所」〟、〝という「時」〟、〝という「理由」〟な

ど要点とらえ直しの意を表すものとして述定文の文末につけて用い、
そこに辞〝は〟を直接つけて用いるとともにとらえ直しをして新たに
作られることとなる述定文中に場所、時、理由などとらえ直しの要点
を表す単語を用いることで、新たに作られる述定文での主題を提示す
ることとなるもの

　　　〝雨が降る〟＋〝の〟＋〝は〟　　雨が降るのは、関東地方だ。
　　　　　　　　　　　　　　　　　　雨が降るのは、朝のうちだけだ。
　　　　　　　　　　　　　　　　　　雨が降るのは、天気が悪いからだ。

③辞〝の〟を同格とらえ直しの形である〝という「こと」〟の意を表す
　ものとして用い、そこに辞〝は〟以外の辞を直接つけて用いることで、
　または、辞〝は〟以外の辞を介して辞〝は〟をつけて用いることで、
　新たに作られる述定文での従属節を作ることとなるもの

　　　〝雨が降る〟＋〝の〟＋〝に〟　　雨が降るのに、人々は悩まされた。
　　　〝雨が降る〟＋〝の〟＋〝で〟　　雨が降るので、試合は中止となった。
　　　〝雨が降る〟＋〝の〟＋〝に〟＋〝は〟　雨が降るのには、苦労した。
　　　〝雨が降る〟＋〝の〟＋〝で〟＋〝は〟　雨が降るのでは、試合はできない。

④辞〝の〟をいわゆる終助詞として用い、そこに他の辞をつけて用い
　ることで、新たに作られる述定文での従属節を作ることとなるもの

　　　〝あれはうちの「猫」なの〟＋〝に〟　あれはうちの「猫」なのに、かわいくない。
　　　〝あれはうちの「猫」なの〟＋〝で〟　あれはうちの「猫」なので、かわいい。
　　　〝雨が降る〟　＋　〝の〟　＋　〝に〟　雨が降るのに、あの男は出かけた。

⑤いわゆる終助詞である辞〝の〟と同格のとらえ直しの形である〝と
　いう「こと」〟の意を表す辞〝の〟とを兼ねた形で辞〝の〟を用い、
　そこに辞〝は〟を直接つけて用いることで述定文の情報内容を新たに

作られる述定文の主題として提示することとなるもの、または、辞〝は〟
以外の辞を介して辞〝は〟つけて用いることで、新たに作られる述定
文での従属節を作ることとなるもの

　　〝あれが「猫」なの〟＋〝は〟　　　あれが猫なのは、誰でもわかる。
　　　（本来の形は、〝あれが「猫」なの〟＋辞〝の〟＋辞〝は〟）
　　〝あれが「猫」なの〟＋〝に〟＋〝は〟　　あれが猫なのには、驚いた。
　　　（本来の形は、〝あれが「猫」なの〟＋辞〝の〟＋辞〝に〟＋辞〝は〟）

　なお、辞〝の〟には、体言の代用をする形で用いられると言われるものが
あります。これは、いわゆる格助詞の〝の〟が連体修飾に用いられる場合に、
その形の用いられたものの述語に当たる部分が名詞を修飾する形である連体
形になるという用いられ方をしてきたことによるものです。しかし、これに
ついても、辞〝の〟が要点とらえ直しの意を表すものとして用いられたもの
とみなすことができます。

《参考》体言の代用として用いられるとされるもの
　雨が降るのは天気の悪い日だ。⇄雨が降るという日は天気の悪い日だ。
　　（注）これまで、辞〝の〟は実体（定称）存在詞である単語「日」に代えて用い
　　　　られているとされてきました。

2）文末につく辞〝の〟のある述定文

　前項で見てきた辞〝の〟の用い方を念頭において、ここでは、文末につく
辞〝の〟のある述定文、すなわち、文末が〝のだ〟、〝のです〟、〝のである〟
という形となる述定文について考えてみます。
　〝のだ〟という形は、断言文または断定文にいわゆる終助詞である辞〝の〟
をつけ、そこにさらに確認辞〝だ〟をつけることで作られます。〝のだ〟と
いう形を断言文または断定文の文末につけて〝〜のだ〟とすることにより、

「話し手」は断言文または断定文で伝えたいと思った情報を「聞き手」に対してより強調をする形で伝えることができます。なお、〝のだ〟という形は、確認辞〝だ〟に代えて丁寧辞〝です〟を用いて〝のです〟の形とすることで丁寧に述べる形とすることができます。また、推量型丁寧辞〝だろう〟、〝でしょう〟を用い、〝のだろう〟、〝のでしょう〟などの形とすることで推量をして述べる形とすることができます。本書では、断言文または断定文をもとにいわゆる終助詞である辞〝の〟を用いてできる〝～のだ〟、〝～のです〟、〝～のだろう〟、〝～のでしょう〟の形の文を一括して、「のだ文」と呼ぶこととします。

　一方、辞〝の〟を同格とらえ直しの形である〝という「こと」〟の意を表す辞として述定文につけて用いるときには、辞〝の〟はいわゆる終助詞ではないので、そこに確認辞〝だ〟をつけて用いることはできません。したがって、丁寧辞〝です〟をそこにつけて〝のです〟の形を作ることもできません。しかし、述定詞に相当する詞「です」をつけて用いることはできます。そして、述定詞に相当する詞「です」を用いることで、指摘文ができます。そこで、〝の「です」〟の形は、「聞き手」の知らないことを確実な情報として伝える述定文に、言い換えれば、「話し手」によって確認された「聞き手」の知らない事実またはつねに真である事実について述べる述定文にのみつけて用いられます。したがって、〝の「です」〟の形をつけて用いられる述定文は、夕型断定文または総称命題文であるものに限られることになります。しかも、夕型断定文において用いることのできる指示語は、「指示語こ」または「指示語そ」に限られることになります。本書では、〝の「です」〟の形をつけてできる指摘文を「のです文」と呼ぶこととします。なお、「のです文」から推量の形で述べる文を作るということはありえません。

　さて、〝のだ〟という形の中にある確認辞〝だ〟をあえて〝で「ある」〟の形に戻すことで、〝のである〟という形ができます。この〝のである〟という形を断言文または断定文につけて用いることでできる文を「のである文」と呼ぶこととします。したがって、「のである文」で用いられる辞〝の〟は、いわゆる終助詞の〝の〟ということになります。

　「のである文」を用いることで、「話し手」は、述定文で一度なされた述定

を改めて述定し直すことになります。述定文でなされた述定は、「話し手」
が現にそこにいる空間内の目の前にある事物を対象としてなされたもので
す。ところが、「のである文」を用いる「話し手」はその述定を、「話し手」
が「聞き手」とともに今現在そこにいる空間内において述定し直すことをし
ます。その場合、述定文で述定をする際に「話し手」が現にそこにいるとさ
れた空間と、「話し手」が「聞き手」とともに今現在そこにいる空間とは別
の空間ということになります。本書では、自身が「聞き手」とともに今現在
そこにいる空間内にある事物について述べるという立場に立って述べる「の
である文」を用いる「話し手」を「語り手」と呼ぶこととします。「語り手」
としての「話し手」は、述定文を駆使することで「聞き手」の目の前にいわ
ば新たな舞台空間を作り出すことになります。そして、そこに登場する人物
の口を通して断言文または断定文で述べることをします。それにより「聞き
手」は述定の行われる空間内に自然と引き込まれ、自分が現にそこにいると
感じるようになります。「語り手」としての「話し手」は、本人自身として
述べる必要のある際にのみ、「のである文」を用います。

　ところで、述定文の中にはアル型断定文と呼ばれるものがあります。アル
型断定文で述べる「話し手」は、断言文でも述べられることをあえて実体(総
称)存在詞を用いることで単に断言をするのではなく述定の内容が無条件に
成り立つと定言的に述べることをします。すなわち、その「話し手」は、「話
し手」の現にそこにいる空間内の目の前にある事物を対象として述定をする
「話し手」なのではなく、「話し手」自身が「聞き手」とともに今現在そこに
いる空間内にある述定の対象となる事物について述べるという立場に立って
述べる「話し手」ということになります。したがって、アル型断定文で述べ
る「話し手」を「語り手」としての「話し手」、アル型断定文を〝のである〟
の形を用いない「のである文」とみなすことができることになります。
「のである文」に用いられる〝のである〟の形からは〝のであろう〟の形が
作られ、「のである文」で伝えられる情報内容を推量にもとづくものとして
伝えることに用いられます。なお、本書では、〝のであろう〟の形のものも
一括して「のである文」と呼ぶこととします。

《参考》文末につく辞〝の〟のある述定文の例

「のだ文」……辞〝の〟はいわゆる終助詞に相当

・断言文または断定文をもとにするもの

　　……指示語には「指示語こ」、「指示語そ」、または「指示語あ」を用いる。

　　　　この・その・あの「猫」は「三毛猫」なのだ。

　　　　　　　　　　　　　　　　　　　←「三毛猫」実体述定詞

　　　　この・その・あの「猫」は「かわいい」のだ。←「かわいい」属性述定詞

　　　　この・その・あの「猫」は「甘える」のだ。←「甘える」運動述定詞

　　　　この・その・あの「猫」は「三毛猫」で「あり」たのだ。

　　　　　　　　　　　　　　　　　←「三毛猫」実体(定称)存在詞

　　　　この・その・あの「猫」は、かわいく「あり」たのだ。

　　　　この・その・あの「猫」は、「甘え」たのだ。

・アル型断定文をもととするもの

　　……指示語には「指示語こ」、「指示語そ」または「指示語あ」を用いる。

　　　　この・その・あの「猫」は「三毛猫」で「ある」のだ。

　　　　　　　　　　　　　　　　←「三毛猫」実体(総称)存在詞

　　　　この・その・あの「猫」は「三毛猫」では「ない」のだ。

　　　　　　　　　　　　　　　　　←「三毛猫」同上

・「のだ文」の確認辞〝だ〟に代えて推量辞を用いたもの（アル型断定文
　をもととするものを除く）

　　……指示語には「指示語そ」または「指示語あ」を用いる。

　　　　その・あの「猫」は「三毛猫」なのだろう。←「三毛猫」実体述定詞

　　　　　　　　　　　「三毛猫」なのでしょう。　←「三毛猫」同上

　　　　その・あの「猫」は「かわいい」のだろう。←「かわいい」属性述定詞

　　　　　　　　　　　「かわいい」のでしょう。

　　　　その・あの「猫」は「甘える」のだろう。←「甘える」運動述定詞

　　　　　　　　　　　「甘える」のでしょう。

　　　　その・あの「猫」は「三毛猫」で「あり」たのだろう。

　　　　　　　　　　　「三毛猫」で「あり」たのでしょう。

　　　その・あの「猫」はかわいく「あり」たのだろう。

　　　　　　　　　　　かわいく「あり」たのでしょう。

　　　その・あの「猫」は「甘え」たのだろう。

　　　　　　　　　　　「甘え」たのでしょう。

「のです文」……辞〝の〟は〝という「こと」〟の意を表す

・総称命題文をもととするもの

　　　　「猫」は「動物」で「ある」の「です」。

・タ型断定文をもととするもの

　　　……指示語には「指示語こ」または「指示語そ」を用いる。

　　　　　この・その「猫」は「三毛猫」で「あり」たの「です」。

　　　　　この・その「猫」は「三毛猫」ではなく「あり」たの「です」。

　　　　　この・その「猫」は、かわいく「あり」たの「です」。

　　　　　この・その「猫」は、かわいくなく「あり」たの「です」。

　　　　　この・その「猫」は、「甘え」たの「です」。

　　　　　この・その「猫」は、甘えなく「あり」たの「です」。

「のである文」……辞〝の〟はいわゆる終助詞に相当

　　　……指示語には「指示語こ」、「指示語そ」または「指示語あ」を用いる。

・アル型断定文

　　　　この・その・あの「猫」は「三毛猫」である。

　　　　　　　　　　　　←「三毛猫」実体(総称)存在詞

・「のだ文」をもとにするもの（アル型断定文をもととするものを除く）

　　　　この・その・あの「猫」は「三毛猫」なのである。

　　　　　　　　　　　　　←「三毛猫」実体述定詞

　　　　この・その・あの「猫」は「かわいい」のである。

　　　　　　　　　　　　　←「かわいい」属性述定詞

この・その・あの「猫」は「甘える」のである。

　　　　　　　　　　　　　←「甘える」運動述定詞

この・その・あの「猫」は「三毛猫」では「ない」のである。

　　　　　　　　　　　　←「三毛猫」実体(定称)存在詞

この・その・あの「猫」は「三毛猫」で「あり」たのである。

　　　　　　　　　　　　←「三毛猫」実体(定称)存在詞

この・その・あの「猫」は、かわいく「あり」たのである。

この・その・あの「猫」は、「甘え」たのである。

・「のだ文」の確認辞〝だ〟に代えて推量型述定詞「であろう」を用いたもの(アル型断定文をもととするものを除く)

この・その・あの「猫」は「飼い猫」なのであろう。

　　　　　　　　　　　　　←「飼い猫」実体述定詞

この・その・あの「猫」は「元気」なのであろう。

　　　　　　　　　　　　　←「元気」実体述定詞

この・その・あの「男」は「行く」のであろう。

　　　　　　　　　　　　　←「行く」運動述定詞

この・その・あの「花」は美しく「咲く」のであろう。

　　　　　　　　　　　　　←「咲く」運動述定詞

この・その・あの「花」は美しく「あり」たのであろう。

この・その・あの「男」は「行き」「た」のであろう。

第十四章

空間意識と述べ方

1）空間と空間意識

「話し手」はある事物を対象に文を作り、それを情報として「聞き手」に伝えます。その際、「話し手」が対象として取り上げる事物はすべて、経験的実在性を有する三次元空間内にあることになります。その経験的実在性を有する三次元空間は、次の三つに分類することができます。

第一空間………「話し手」が「聞き手」とともに今現在そこにいる空間
第二空間………「話し手」がかつてそこにいたことのある空間
第三空間……… ①第一空間または第一空間と同時平行的にそれが存在するということを「話し手」も「聞き手」とともに知る空間それぞれの時間軸の延長上に「話し手」が想像する空間
　　　　　　　②「話し手」が自らの思考・想像の対象とする事物がそこにあるとする空間または「話し手」の知るある人物の思考・想像の対象とする事物がそこにあると「話し手」の想像する空間

「第一空間」に関しては、「話し手」と「聞き手」はその空間を共有しています（以下、「共有空間１Ａ」という）。したがって、「話し手」と「聞き手」はその空間内にある事物についてはともに知っていることになります。ただし、その事物には、「話し手」自らが占有する事物、その占有を主張する事物、占有を主張しない事物の違いがあります。
「第二空間」に関しては、過去の同じ時にであるかどうかは別として「聞き手」も過去にそこにいたことのある場合には、その空間は「話し手」と「聞き手」とが共有する空間ということになります（以下、「共有空間２Ａ」という）。共有空間２Ａ内にある事物について「話し手」がそれを占有したりその占有を主張したりするということはありません。それに対して、「聞き手」は知

らず「話し手」のみが知るという場合には、その空間は非共有空間となります（以下、「非共有空間２Ｂ」という）。そして、その非共有空間２Ｂ内にある事物には、「話し手」自らが占有する事物、その占有を主張する事物、占有を主張しない事物の違いがあります。

「第三空間」に関しては、まず、それが①のものである場合には、「話し手」と「聞き手」はその空間を共有し、その空間内にある事物についてはともに知っているということになります（以下、「共有空間３Ａ」という）。ただし、「話し手」自らが占有する事物、その占有を主張する事物、占有を主張しない事物の違いがあります。それに対して、②のものである場合には、「話し手」のみが知り「聞き手」は知らない空間ということになります（以下、「非共有空間３Ｂ」という）。そして、その非共有空間３Ｂ内にある事物には、「話し手」自らが占有する事物、その占有を主張する事物、占有を主張しない事物の違いがあります。いずれにせよ、「話し手」は自問自答を繰り返すことで思考・想像をふくらましていきます。そして、思考・想像したことについて、「聞き手」に対して「話し手」として発話をすることになります。

次に、「話し手」が空間をどのようなものとして意識するかということについて、考えてみます。というのも、空間意識の違いは述べ方の違いに直結するからです。「話し手」の空間の意識の仕方には、次の二通りがあります。

・「自らが占有する事物またはその占有を主張する事物がそこに存在するところ（以下、「領域」という）を中心とした広がり」として、空間を意識する（以下、「領域空間意識」という）。

・「発話の対象となる事物がそこにある空間」として、空間を意識する（以下、「対象空間意識」という）。

事物が目の前にあるということを前提にしてその詞の作られてきた日本語での発話は、基本的に述定詞を用いることで、発話の対象となる事物が具体的な個物として目の前にあるとする形で行われます。そこで、日本語での発

話は、第一空間、第二空間、第三空間いずれの空間についても、その空間内に「話し手」自身が現にいるとの想定のもとに、領域空間意識にもとづいて行われることとなります。したがって、領域空間意識にもとづいて発話をする「話し手」は、述定詞を用いた述定文を用います。ただし、同じく領域空間意識にもとづいて発話するにしても、「聞き手」との関係を考慮してその領域空間意識を前面に出すことを控えるという場合が多くあります。その場合には、述定詞を用いた述定文ではなく、述定詞に相当する詞を用いた指摘文が用いられます。しかしながら、その場合にも発話が領域空間意識にもとづくということに変わりはありません。

　さて、述定詞または述定詞に相当する詞を用いての述定は、述定の対象となる事物が目の前にあるとすることで、言い換えれば、「話し手」が現にその空間内にいるとすることで、行われます。しかし、その「話し手」は今現在は「聞き手」とともに第一空間内にいます。

　そこで、領域空間意識にもとづいて発話をする「話し手」にとっては、それぞれの空間内にある発話の対象となる事物について、「認識の対象となる事物を指し示す機能を持つ単語」である指示語をどう用いるかが、文を作りそれを情報として伝えるうえで重要ということになります。指示語をどう用いるかは、事物がどの空間内にあるものであるかを示すことにも、「話し手」の事物に対する占有の主張にもかかわってきます。

　指示語は次のように使い分けられます。

①「指示語こ」は、「話し手」自らが占有する事物またはその占有を主張する事物を指し示すことに用いられる。指し示される事物が「聞き手」と共有する空間内にあるか非共有の空間内にあるかは、問題とされない。

②「指示語そ」は、「聞き手」と共有する空間内にある事物のうち、「話し手」がその占有を主張しないものを指し示すことに用いられる。また、非共有空間内にある事物について、それがそこにあるということに対する「聞き手」の共同注意を促すために、その事物を指し示すことに用

いられる。

③「指示語あ」は、共有空間内にある事物のうち、「話し手」がその占有
を主張しない事物、もしくは、その占有を主張する事物ではあっても
位置的もしくは意識の上で相対的に遠いところにあることでその占有
を明示的には主張しないものを指し示すことに用いられる。

　したがって、領域空間意識にもとづいて発話をする「話し手」は、事物が
共有空間内にあるか非共有空間内にあるかによって、また、述定詞を用いて
述べるか述定詞に相当する詞を用いて述べるかによって、指示語を次のよう
に使い分けることになります。なお、述定詞で述べる場合を数字記号「- 0」
を用いて表すこととします。また、述定詞に相当する詞を用いて述べる場合
については、自らが占有する事物またはその占有を主張する事物を対象とし
て述べるときを数字記号「- 1」を用いて、その占有を主張しない事物を対
象として述べるときを数字記号「- 2」を用いて表すこととします。また、
本書では、そのいずれをも用いることのできる場合の「指示語こ」、「指示語
そ」および「指示語あ」を「指示語こ・そ・あ」と表記することとします。
また「指示語そ」および「指示語あ」を「指示語そ・あ」と表記すること
します。

　　　　共有空間１Ａ
　　　　　　　　１Ａ-０　……こ・そ・あ
　　　　　　　　１Ａ-１　……こ
　　　　　　　　１Ａ-２　……そ・あ
　　　　共有空間２Ａ
　　　　　　　　２Ａ-０　……そ・あ
　　　　　　　　２Ａ-１　……　─
　　　　　　　　２Ａ-２　……そ・あ
　　　　非共有空間２Ｂ
　　　　　　　　２Ｂ-０　……こ・そ

　　　　　　２B-1　……こ

　　　　　　２B-2　……そ

　　　共有空間３A

　　　　　　３A-0　……こ・そ・あ

　　　　　　３A-1　……こ

　　　　　　３A-2　……そ・あ

　　　非共有空間３B

　　　　　　３B-0　……こ・そ・あ

　以上のことを念頭において、領域空間意識を有する「話し手」のそれぞれ
の空間内における述べ方について見ていきます。

（１）「話し手」が「聞き手」との関係をとくに意識せずに発話する場合

　　　「話し手」は、第一空間内にある事物については、実体述定詞、属性
　　述定詞、運動述定詞を用いた断言文、断定文または「のだ文」を用い
　　て述べます。指示語に「指示語こ・そ・あ」を用います（１A-0に該当）。
　　第二空間内にある事物のうち、共有空間内にある事物については指示
　　語に「指示語そ・あ」を用い、タ型断言文を用いて述べます（２A-
　　0に該当）。非共有空間内にある事物については指示語に「指示語こ」
　　または「指示語そ」を用い、タ型断定文またはタ型断定文を「のだ文」
　　としたものを用いて述べます（２B-0に該当）。第三空間のうち、①
　　である空間内にある事物については、指示語に「指示語こ・そ・あ」
　　を用い、推量型述定詞「であろう」を用いた推量型述定文を用いて述
　　べます（３A-0に該当）。ただし、この推量型述定詞が約められた形
　　で用いられることで、推量型確認辞〝だろう〟と混同されることが多
　　くあります。

　　　なお、②である空間内にある事物についての思考・想像の展開は、
　　断言文、断定文または「のだ文」を用いて行われます。指示語には「指
　　示語こ・そ・あ」が用いられます（３B-0に該当）。「話し手」として
　　自らの思考・想像の対象とする事物についての思考・想像の結果を述

べる際には、断言文、断定文または「のだ文」に〝～と「思う」〟の
形をつけて用いた断言文で述べることになります。また、「話し手」
の知るある人物のそれについて述べる際には〝～とその・あの「男」
は「思う」「であろう」〟の形をつけて用いることになります。

（２）「話し手」が「聞き手」との関係を意識し、領域空間意識を前面に出
すのを控えることを念頭に発話する場合

　　　第一空間内にある事物に関しては、その占有を主張しない事物につ
いては、指示語に「指示語そ・あ」を用いて、述定詞に相当する詞「です」、
「ます」、「ません」、「まし」を用いた指摘文で述べます（１A-２に該当）。
しかしながら、自らが占有する事物またはその占有を主張する事物に
ついては、指示語に「指示語こ」を用います（１A-１に該当）。それ
に伴い述定詞に相当する詞「です」は、それを用いることができなく
なります。そして、述定詞に相当する詞「ます」、「ません」、「まし」
を用いた文は強調型指摘文となり、領域空間意識が前面に出た表現と
なります。どんなに努力をしてみても、「話し手」自身に関すること
については、主観的な立場に立ってのみしか述べることができません。
　　　第二空間内にある事物のうち、共有空間内にある事物については、
すべてその占有を主張しない事物となるので、指示語には「指示語そ・
あ」を用いて、述定詞に相当する詞「まし」、「でし」を用いた指摘文
で述べます（２A-２に該当）。非共有空間内にある事物については、
自らが占有する事物またはその占有を主張するものには「指示語こ」
を用いて（２B-１に該当）、その占有を主張しないものには「指示語そ」
を用いて（２B-２に該当）、述定詞に相当する詞「でし」または「まし」
を用いた指摘文で述べます。
　　　このほか、「話し手」は、第二空間内にある事物については「指示語こ」
または「指示語そ」を用いたタ型断定文に〝の「です」〟の形をつけ
ることでできる「のです文」を用いて「聞き手」に対し直接的に指摘
する形で述べることもあります。また、〝でしょうか〟の形をつける
ことでできる「反語文」で問いかけることもあります。

　　第三空間のうち、①である空間内にある事物に関しては、その占有を主張しないものについては、推量型述定詞「でしょう」を用いて述べます。指示語には「指示語そ・あ」が用いられます（3A-2に該当）。しかし、自らが占有する事物またはその占有を主張する事物については述定詞に相当する詞「ます」、「ません」を用い、指示語には「指示語こ」を用いて強調型指摘文で述べます（3A-1に該当）。②である空間内にある事物については、断言文、断定文または「のだ文」を用いて自問自答をする形で思考または想像を展開していくことになります（3B-0に該当）。

　　なお、「話し手」が自らの思考・想像の対象とする事物についての思考・想像の結果を述べる際には、断言文、断定文または「のだ文」に〝～と思い」「ます」〟の形をつけて用います。その際には、「話し手」自身を明示するしないにかかわらず、強調型指摘文で述べることになります。少なくとも「聞き手」からはそう受け止められることになります。また、「話し手」の知る人物の思考・想像の対象とする事物についての思考・対象の結果について述べる際には、〝～とその・あの「男」は「思う」「でしょう」〟の形をつけて用います。

（3）「話し手」が、「話し手」-「聞き手」という関係を離れて「語り手」として発話する場合
　　「語り手」である「話し手」は、第一空間、第二空間、第三空間いずれの空間内にある事物についても、その空間内にいる人物が発話をするという形で述べます。その人物が述定詞を用いた断言文、断定文または「のだ文」で発話をすることで、臨場感のある語り口となります。「語り手」である「話し手」が「話し手」自身として発話をするときには、「のである文」を用います。

《参考》
1.「話し手」が「聞き手」との関係をとくに意識せずに発話する場合
　　<u>第一空間内にある事物</u>

断言文、断定文または「のだ文」を用いる。

………指示語には「指示語こ・そ・あ」を用いる。

　断言文または断定文

　　この・その・あの「猫」は、うちの「猫」だ。「猫」では「ある」。

　　　　　　　　　　うちの「猫」なの。

　　　　　　　　　　うちの「猫」で「ない」。

　　　　　　　　　　「かわいい」。かわいく「ない」。

　　　　　　　　　　かわいくは「ある」。

　　この・その・あの「男」は、「行く」。「行かない」。

　　この・その・あの「猫」は、うちの「猫」では「ない」。

　　　　　　　　　　かわいくは「ない」。

　　　　　　　　　　うちの「猫」で「あり」た。

　　　　　　　　　　うちの「猫」ではなく「あり」た。

　　　　　　　　　　かわいく「あり」た。

　　　　　　　　　　かわいくはなく「あり」た。

　　この・その・あの「男」は、「行き」た。行かなく「あり」た。

　のだ文

　　断言文または断定文＋のだ

第二空間内にある事物

・共有空間である場合

　タ型断言文（指示語には「指示語そ・あ」を用いる。）

　　その・あの「猫」はうちの「猫」では「あり」た。

　　　　　　　　　うちの「猫」でなく「あり」た。

　　　　　　　　　かわいくは「あり」た。

　　　　　　　　　かわいくなく「あり」た。

　　その・あの「男」は「行き」た。行かなく「あり」た。

・非共有空間である場合

　タ型断定文（指示語には「指示語こ」または「指示語そ」を用いる。）

　　　　　この・その「猫」は、うちの「猫」で「あり」た。

　　　　　　　　　　　　　うちの「猫」ではなく「あり」た。

　　　　　　　　　　　かわいく「あり」た。

　　　　　　　　　　　かわいくはなく「あり」た。

　　　　　この・その「男」は、「行き」「た」。行かなく「あり」た。

　　　　のだ文（夕型断定文＋のだの形のものに限る。）

　　　　　　この・その「猫」は、「猫」で「あり」たのだ。

　　　　　　　　　　　　　「猫」ではなく「あり」たのだ。

　　　　　　　　　　　かわいく「あり」たのだ。

　　　　　　　　　　　かわいくはなく「あり」たのだ。

　　　　　　この・その「男」は、「行き」たのだ。行かなく「あり」たのだ。

<u>第三空間内にある事物</u>

・①である空間内にある事物についての発話者としての「話し手」

　推量型述定詞「であろう」を用いた推量型述定文

　　　　　　　………指示語には「指示語こ・そ・あ」を用いる。

　　　　　この・その・あの「男」は、「行く」「であろう」。

　　　　　　　　　　　　「行かない」「であろう」。

・②である空間内にある事物についての思考・想像を展開する「話し手」

　断言文、断定文または「のだ文」

　　　　　　　………指示語には「指示語こ・そ・あ」を用いる。

・自らの思考・想像の結果について発話をする「話し手」

　断言文、断定文または「のだ文」＋〝と思う〟の形の断言文

　　　　　　　………指示語には「指示語こ・そ・あ」を用いる。

・「話し手」の知る人物の思考・想像の結果について発話をする「話し手」

　断言文、断定文または「のだ」文＋〝と「思う」「であろう」〟の形

　の推量型述定文

2. 「話し手」が「聞き手」との関係を意識し、領域空間意識を前面に出
　　すことを控えることを念頭に発話する場合
　第一空間内にある事物
　　強調型指摘文を用いる。
　　………指示語には「指示語こ」を用いる。
　　　　　　述定詞に相当する詞「ます」、「ません」、「まし」を用いる。
　　　この「猫」は、うちの「猫」で「あり」「ます」。
　　　　　　　　　　　　　うちの「猫」では「あり」「ません」。
　　　　　　　　　　　　　うちの「猫」で「あり」「まし」た。
　　　この「花」は、美しくは「あり」「ません」。
　　　この「男」は、「行き」「ます」。「行き」「ません」。
　　　（この）私は、「行き」「ます」。「行き」「ません」。

　　指摘文を用いる。
　　………指示語には「指示語そ・あ」を用いる。
　　　　　　述定詞に相当する詞「です」、「ます」、「ません」、「まし」を用いる。
　　　その・あの「猫」は、うちの「猫」「です」。
　　　　　　　　　　　　　　　うちの「猫」では「あり」「ません」。
　　　その・あの「猫」は「い」「ます」。「猫」は「い」「ません」。
　　　その・あの「花」は、美しくは「あり」「ません」。
　　　その・あの「男」は、「行き」「ます」。「行き」「ません」。
　　　　　　　　　　　　　　　「行き」「まし」た。

　第二空間内にある事物
　・共有空間である場合
　　指摘文を用いる………指示語には「指示語そ・あ」を用いる。
　　　　　　　　　　　　述定詞に相当する詞「でし」、「まし」を用いる。
　　　その・あの「猫」はうちの「猫」「でし」た。
　　　その・あの「猫」はうちの「猫」では「あり」「まし」た。
　　　その・あの「男」は「行き」「まし」た。

・非共有空間である場合

　指摘文を用いる………指示語には「指示語こ」または「指示語そ」を
　　　　　　　　　　　　用いる。
　　　　　　　　　　　　述定詞に相当する詞「でし」、「まし」を用いる。
　　この・その「猫」は、「飼い猫」「でし」た。
　　この・その「男」は、「行き」「まし」た。

「のです文」を用いる。
　　タ型断定文＋の「です」(指示語には「指示語こ」または「指示語そ」
　　を用いる。)
　　　この・その「猫」は、「飼い猫」で「あり」たの「です」。
　　　　　　　　　　　　　「飼い猫」ではなく「あり」たの「です」。
　　　　　　　　　　　　　かわいく「あり」たの「です」。
　　　　　　　　　　　　　かわいくはなく「あり」たの「です」。
　　　この・その「男」は、「行き」たの「です」。
　　　　　　　　　　　　　行かなく「あり」たの「です」。

「反語文」を用いる。
　　タ型断定文＋でしょうか(指示語には「指示語こ」または「指示語そ」
　　を用いる。)
　　　この・その「猫」は、うちの「猫」で「あり」たでしょうか。
　　　　　　　　　　　　　うちの「猫」ではなく「あり」たでしょうか。
　　　　　　　　　　　　　かわいく「あり」たでしょうか。
　　　　　　　　　　　　　かわいくはなく「あり」たでしょうか。
　　　この・その「男」は、「行き」たでしょうか。
　　　　　　　　　　　　　行かなく「あり」たでしょうか。

第三空間内にある事物

　述定詞と相当する詞「ます」、「ません」を用いた強調型指摘文

　　……指示語には「指示語こ」を用いる

　　　この「花」は「咲き」「ます」。「咲き」「ません」。

　　　この「男」は「行き」「ます」。「行き」「ません」。

　　推量型述定詞「でしょう」を用いた推量文

　　……指示語には「指示語そ・あ」を用いる。

　　　その・あの「花」は、「咲く」「でしょう」。「咲かない」「でしょう」。

　　　その・あの「男」は、「行く」「でしょう」。「行かない」「でしょう」。

　　　明日の天気は「晴れ」「でしょう」。

　　　明日は「晴れる」「でしょう」。

　　断言文、断定文または「のだ文」＋〝と「思い」「ます」〟の形の指摘文

　　断言文、断定文または「のだ文」＋〝と「思う」「でしょう」〟の形の推量
　　型述定文

2）空間意識と「話し手」の役回り

「聞き手」との関係を特に意識せずに領域空間意識にもとづいて発話をする「話し手」は、第一空間、第二空間、第三空間いずれの空間内にある事物についても、その空間内に自身が現にいるということを前提に発話をします。

　そうした「話し手」には、「話し手」自身の現にいるとされるその空間のそれぞれが、いわば、自分が主役を演じている芝居の舞台のようなものに感じられます。しかも、その「話し手」は当然のことながら、その空間内に「聞き手」の領域のあることを、「聞き手」に対しても認めます。そこで、「話し手」が断言文や断定文や「のだ文」を用いて述べるということは、「聞き手」からも親しさを感じさせる行為として歓迎されます。そうしたことを基礎と

して、「話し手」と「聞き手」は場を共有し、それと意識することもなくごく自然に、同じ舞台上にいる登場人物となります。言い換えれば、「登場人物である話し手」と「登場人物である聞き手」となります。

　一方、「話し手」が「聞き手」との関係を意識し、領域空間意識を前面に出すのを控えることを念頭に発話する場合には、「話し手」は述定詞に相当する詞を用いて指摘をする形で述べます。その場合、「話し手」は「話し手」と「聞き手」とのそれぞれを発話の対象とすることをできるだけ避けようとします。言い換えれば、「話し手」は「登場人物」として舞台上に登場をしないようにします。というのも、発話の対象とするときには、「話し手」自身を表す人称詞をそこに「指示語こ」のついた形で用いざるをえません。そうなれば、強調型指摘文を用いて発話をすることになります。その結果、「話し手」は、好むと好まざるとにかかわらず、「聞き手」と相対峙する形で舞台上に登場し、いわば「対峙者」の立場に立って述べることになるからです。だが、「話し手」自身を発話の対象とする必要は必ず生じます。〝〜と思います〟あるいは〝〜と思われます〟のような表現を用いることで、「話し手」自身を表す人称詞を文中に用いないこともできます。しかし、「聞き手」が「話し手」を「対峙者」として意識することになるのは避けられません。いずれにせよ、日本語で「話し手」自身に関することについて客観的な立場に立って考えて述べることは難しいということになります。

「話し手」-「聞き手」という関係を離れて「語り手」としての立場に立って述べる場合には、舞台上に「対峙者」として登場することを避けることができます。「語り手」である「話し手」は、いわば、客席にいる「聞き手」に対して舞台上で展開される事柄について舞台脇で語ることになるので、「登場人物」であることはなくなります。それに伴い、発話内容に対する「話し手」としての責任を問われることもなくなります。「語り手」である「話し手」は、第一空間内にある事物についてはもちろん、第二空間、第三空間内にある事物についても、自らの判断をそこに登場する人物に仮託する形で語ることができます。ただし、補足的な説明が必要となるときには、「のである文」を用いて直接「聞き手」に向かって述べます。しかしながら、それはあくまでも舞台上で演じられる事柄についての補足的説明にとどまり、「語り手」

である「話し手」がその内容について責任を問われるということを心配する必要はなくなります。

3）日本語の言語的特徴

　詞を作る際に〝存在する〟という運動概念を補助概念として活用する日本語を用いる「話し手」にとっては、事物が目の前にあるということを前提として文を組み立てることはごく自然なことと言えます。そして、その「話し手」からすれば、発話の対象となる事物を自らが占有する事物、その占有を主張する事物、それ以外の事物とに分けるということも、ごく自然なことです。そこで、「話し手」はいずれの空間内にある事物についても、事物を具体的な個物として表す実体(定称)存在詞である単語に「指示語こ・そ・あ」のいずれかを適宜つけて用いながら、領域空間意識にもとづいて述べることになります。当然、「聞き手」にも自らの領域のあることを認めます。そうしたことを通じて「話し手」と「聞き手」は、お互いのことを空間を共有する登場人物と意識するようになり、やがてそうした意識のもとに、「場の雰囲気」をできるだけ大切にして嫌われないよう心掛けることになります。
　そうした心掛けは、たとえば、断言文または断定文に推量型確認辞〝たろう〟、〝だろう〟または推量型丁寧辞〝でしょう〟をつけて用いた表現が多用されるということに、顕著に表れています。自らの考えや想像したことを責任ある形で述べるためには、推量型述定詞「であろう」を用いるか、または、〝〜と思う〟、もしくはそれに類似する形を用いることで、自らの意見として述べる必要があります。しかし、そう口にすることはめったにありません。そうなるのは、文中からそうした部分を消去することで場の空気に配慮したいと思うからなのです。だからこそ、〝たろう〟、〝だろう〟または〝でしょう〟が多用されるのです。日本人の日常生活に見られる大勢順応主義や責任の所在の曖昧さなどは、そうした表現が可能であるという日本語の特徴を反映したものであると言っても、過言ではないと思います。
　領域空間意識を前面に出すことを控えることを念頭において発話をする

「話し手」は、指摘文を用います。そうすることは、対象空間意識にもとづいて発話をすることにもなります。しかしながら、「話し手」自身に関することについては、強調型指摘文でしか述べることができません。例えば、自らの考えたことや想像したことを意見として述べるためには、〝〜と私は思います〟という形、またはそれに類似する形の文を用いなければなりません。しかしながら、人称代名詞である単語〝私〟を用いれば〝この私〟の意となることでその文は強調型指摘文であることが明白になります。したがって、〝私は〟とすると出過ぎた発言をする目立ちたがり屋だ、空気の読めない奴だと、仲間たちから言われてしまうことになります。だからこそ、〝私〟という人称詞である単語を用いないで、〝〜と思います〟とすることで、できるだけそのようには解されないようにしようとするのです。しかしながら、そのようにしても十分な効果は期待できません。そこでさらに進めて〝〜と思われます〟という形とすることで、あえて発話の主体をぼやかすことをするようになるのです。

　結論的には、日本語という言語は、自らの領域がそこにあると意識しながら述べることに適した言語、客観的な述べ方をすることの難しい言語ということになります。日本で落語や漫才のような話芸が盛んなのは、それが責任を問われることのない登場人物たちの会話であり、「聞き手」はそうした会話の行われる場を他の「聞き手」とともに共有することを楽しいと感じるからであるのです。そして、日本の小説に私小説が多いのも、文学作品を著作する際に作者の心情というものが、断言文や断定文を用いて場を共有するという形で述べることでしか「聞き手」によく伝わらないという制約のあることが、その大きな要因となっているのです。

　このように主観性を色濃く内蔵する言語である日本語は、この強い主観性を何らかの形で修正することを考えていかなければなりません。そうしない限り日本語は、日本人の間ではともかく、今後ますます重要となる世界に向かっての幅広いコミュニケーションにつながるものを産み出す可能性の低い言語に留まらざるをえません。

　それでは、日本語特有の主観性はどのようにしたら修正できるのでしょうか。それには、まず、人称詞の用い方を再考してみることが必要です。

人称詞である単語を普通名詞であるものと人称代名詞であるものとに峻別することができれば、「話し手」自身に関することをも主観性を排した客観的な立場に立って陳述文で述べることが可能となります。それにより、自分自身に関することについては断言文または強調型指摘文でしか述べられないということに最も典型的に見られる日本語特有の主観性が打破され、新しい日本語への道が開けることが期待できることになります。

第十五章

人称詞の用い方について

1）人称詞

　人称詞として用いられる単語には、普通名詞であるもの、固有名詞であるものおよび人称代名詞であるものがあります。このうち、人称代名詞は、『「話し手」-「聞き手」-「話し手にとっての第三者」という形で「話し手」との関係を示すために名詞に代えて用いられる代用形の名詞』と定義されます。したがって、人称代名詞は具体的な個物としての人そのものを表す実体（定称）存在詞を、とくにその人の「話し手」との関係を表すことのために用いたものと言うことができます。日本語には、これが人称代名詞と特定できるものはなく、多くの場合、普通名詞である単語が人称代名詞としても用いられています。そのことが、一方では日本語の表現を多彩にし、一方では日本語を分かりにくいものにしています（注）。

　なお、人称詞には、自称詞である一人称詞、対称詞である二人称詞、他称詞である三人称詞があります。

　（注）人称詞については、次のように言われています。
　　　　「人称詞を定義するならば、名詞のうち、人を表し、特定・唯一指示の機能を専らとして、かつコソアドでないもの、ということになる。「専らとする」という表現は程度をいうものであり、厳密な規準ではあり得ないが、まさしく人称詞は人称表現一般において、普通名詞と連続している。」
　　　　（『研究資料日本古典文学　第十二巻　文法付辞書』　明治書院　昭和58年　p 50 参照）

　日本語において人称詞である単語にもっぱら普通名詞または固有名詞である単語が用いられるのは、発話が具体的な個物としての事物が目の前にあるということを前提として主に述定文で行われるからです。ある人の「話し手」との関係を表す人称代名詞である単語は、陳述文においてのみ用いられます。

「人称詞が人称表現一般において普通名詞と連続している」と認識されているということは、日本語においては人称代名詞を必要とする陳述文があまり用いられないということと連動しています。

　人称詞を用いた具体的な例として、夏目漱石の作品のタイトル文『吾輩は猫である』を見てみましょう。江藤淳はそのタイトル文について次のように述べています（『漱石とその時代』　2006年刊　新潮選書　第三部　p21〜22　新潮社）。

　　　『「吾輩」という、明治の知的・特権的日本人によって用いられた一人
　　　称と「猫」とをイクォールの等号で連結させ、「猫」に語り手の視点を
　　　置いて終始一貫させている。この文が、一見「SはPなり」という形式
　　　論理学の定式を踏んでいるだけに、パロディ化されたこの疑似定式の
　　　内包するねじれと嘲笑とは、ほとんどグロテスクな凄味を漂わせるの
　　　である。』

　まさにその通りだと思います。このタイトル文は総称命題文ではありません。「SはPなり」の形の総称命題文は、〝実体(総称)存在詞は実体(総称)存在詞である〟という形をとります。ところが、このタイトル文に人称詞として用いられている〝吾輩〟は、普通名詞である単語であり、もちろん、実体(定称)存在詞である単語です。一方、〝である〟をつけて用いられる「猫」という単語は、普通名詞の実体(総称)存在詞である単語です。すなわち、このタイトル文は運動述定詞「ある」を定言型用法で用いて〝「吾輩」は「猫」で「ある」〟と断定する形で述べるアル型断定文であるのです。

　さて、「話し手」であるこの作者は「聞き手」である読者に向かって、アル型断定文で述べています。この「話し手」である作者の立ち位置は、〝「吾輩」は「猫」だ〟や〝「吾輩」は「猫」なのだ〟と断言文で述べる「話し手」のそれとは異なります。つまり、〝「吾輩」は「猫」である〟とアル型断定文で述べる「話し手」は、「語り手」として語っているのです。

　まず、〝「吾輩」は「猫」だ〟という文であれば、「猫」という単語を実体述定詞である単語として用いて、「話し手」である「吾輩」という「猫」が

自分と同じ空間内にいる「聞き手」に向かって、〝この「私」は「猫」だ〟と断言する形で言っているということは明瞭です。〝「吾輩」は「猫」なのだ〟という文であれば、「話し手」が〝この「私」は猫なのだ〟と断言する形で言っているのか、一匹の猫を指差して〝この「吾輩」という奴は猫なのだ〟と断言する形で言っているのかのどちらかとなります。しかし、〝「吾輩」は「猫」である〟という文は、アル型断定文なので、「話し手」は「吾輩」ではありません。「話し手」が「語り手」としての立場に立って「吾輩」という一匹の猫を指差して〝これは「猫」というものである。〟と述べたと理解すべき文です。すなわち、このタイトル文は、夏目漱石が「語り手」という立場に立ち、自身を仮託することとなる「吾輩」を「聞き手」の目の前にある舞台上に登場させて、これから始まる話の主人公は猫であるこの「吾輩」だと宣言した文なのです。落語好きであった夏目漱石は、この文を用いることによって一匹の「猫」をいわば寄席の舞台に登場させることで、作家としてのスタートを切ったと言うことができます。

２）人称代名詞の切り分け

　まず、一人称詞である単語〝私〟に辞〝は〟をつけて「話し手」自身を文の主題としてとりたてて提示し陳述詞または述定詞に相当する詞を用いることで作られる文について、そこで用いられている単語〝私〟が普通名詞であるか人称代名詞であるかを具体的に見ていきます。

《参考》一人称詞である単語〝私〟の用例
　<u>述定詞に相当する詞を用いる場合</u>
　　第一空間内にいる〝私〟……普通名詞である単語
　　　（この）私は「行き」「ます」。「行き」「ません」。「行き」「まし」「た」。
　　　（この）私は「馬鹿」で「あり」「まし」「た」。
　　　（この）私が「行き」「ましょう」。

第二空間内にいる〝私〟……普通名詞である単語

（この）私は「行き」「まし」た。

（この）私は「馬鹿」「でし」た。

第三空間内にいる〝私〟……普通名詞である単語

（この）私は「行き」「ます」。「行き」「ません」。

第三空間内にいる〝私〟……人称代名詞である単語

私は「行く」「でしょう」。「行かない」「でしょう」。

陳述詞を用いる場合

「話し手」の現にいる空間とは別の空間内にいる〝私〟

……人称代名詞である単語

私は〈行き〉〈ます〉。〈行き〉〈ません〉。〈行き〉〈まし〉た。

私は馬鹿で〈あり〉〈ます〉。では〈あり〉〈ません〉。

で〈あり〉〈まし〉た。

私は〈行きません〉〈でし〉た。

私は馬鹿では〈ありません〉〈でし〉た。

　辞〝が〟を単語〝私〟につけて述定や陳述の対象として標識する対象標識辞として用いる場合についても、上記とほぼ同様の使い分けが行われるということを知ることができます。したがって、単語〝私〟の用いられ方については、次のように帰納することができます。

①述定詞に相当する詞「ます」、「ません」、「まし」、または「でし」を用いた述定文で用いられる場合には、単語〝私〟は普通名詞である単語として用いられる。

②運動述定詞（意志形)である単語またはそれに相当する述定詞「ましょう」を用いた述定文で用いられる場合には、単語〝私〟は普通名詞で

ある単語として用いられる。

③推量型述定詞「でしょう」を用いた述定文で用いられる場合には、単語〝私〟は人称代名詞である単語として用いられる。

④陳述詞〈ます〉、〈ません〉、〈まし〉または〈でし〉を用いた陳述文で用いられる場合には、単語〝私〟は人称代名詞である単語として用いられる。

　そして、陳述詞〈ます〉、〈ません〉、〈まし〉と述定詞に相当する詞「ます」、「ません」、「まし」が発音上も表記上も同じとなるということが人称詞である単語〝私〟を用いる上で考えなければならない問題の一つであることが分かります。そのせいで、普通名詞である単語として用いられているものか人称代名詞である単語として用いられているものかの見分けが容易にはつかなくなっているのです。

　しかし、これを裏返して言えば、人称詞である単語〝私〟を述定詞に相当する詞「ます」、「ません」、「まし」を用いた述定文で用いられるものと陳述詞〈ます〉、〈ません〉、〈まし〉を用いた陳述文で用いられるものとで峻別できるようにすれば、普通名詞である単語と人称代名詞である単語とは切り分けられるということになります。

　そこで、人称詞として用いられる単語を人称代名詞として用いる場合には次のようにするというルールを設けることが考えられます。

①人称詞として用いられる単語のうち人称代名詞として用いることのできる単語を特定する。具体的には、一人称については「私」または「私たち」、二人称については「あなた」または「あなたたち」とする。三人称については、単語「彼」、「彼女」、「彼ら」（場合によっては、「彼ら」または「彼女ら」）とする。

②人称代名詞として用いることのできる単語を人称代名詞として用いる

場合には、そこに辞〝は〟または対象標識辞である辞〝が〟をつけて
用いる。いかなる指示語も連体修飾語もそこにはつけない。

③人称代名詞として用いることのできる単語を、そこに辞〝は〟または
　対象標識辞である辞〝が〟をつけて人称代名詞ではない普通名詞であ
　る単語として用いるときには、必ずそこに指示語および／または連体
　修飾語をつけて用いる。

④そこに指示語も連体修飾語もつけることなしに人称代名詞として用い
　られている単語〝私〟とともに用いられた二人称、および三人称の人
　称代名詞として用いることのできる単語は、人称代名詞である。

⑤固有名詞である単語のうち人称詞として用いられるものは、三人称の
　人称代名詞としても用いることができる。そこに辞〝は〟または対象
　標識辞〝が〟がつけられ、いかなる指示語も連体修飾語もつけられて
　いない固有名詞が人称代名詞として用いられているかどうかは文脈で
　判断される。

　以上のようにすることで、人称詞として用いられる単語を人称代名詞であ
る単語とそれ以外のものとに切り分けることができます。そしてそれに伴い、
「話し手」は「聞き手」とともに第一空間内にいたまま、その領域を中心と
した広がりと意識する第一空間内にあるすべての事物を、すなわち、その占
有を主張しない事物はもちろん自らが占有する事物またはその占有を主張す
る事物をも、対象空間内にある事物としてとらえることができるようになり
ます。すなわち、たとえて言えば観客席にいて第一空間全体を舞台として見
ているような立場に立つことになります。そして、それを契機に、第一空間
のみならず第二空間および第三空間をも舞台上に展開する場面としてとらえ
ることができるようになります。
　まず、第一空間について言えば、その舞台上には、人称代名詞で表される「話
し手」および「聞き手」、さらには「話し手にとっての第三者」が登場しま

す。そして、それらの人物のあらゆることについて「話し手」は陳述文で述べます。それ以外の舞台上にある事物については、指摘文で述べます。その際、指示語には「指示語そ・あ」を用います。第二空間に関しては、「話し手」自身は第一空間内にいるという立場を堅持することで、それをいわば舞台上に展開する別の幕の場面としてとらえることになります。そして、その空間内にある事物については「話し手」のみが知っているという立場に立ち、陳述文で述べることになります。第三空間のうち①であるものに関しては、「話し手」自身は第一空間内にいるという立場を堅持しながら、今現在は第一空間内にある事物が第三空間内において見せることとなる運動について推量型述定詞「でしょう」を用いて推量をして述べることになります。

　以上を例示的に示せば、次のようになります。

	人称代名詞で表される人物	それ以外の事物
第一空間	陳述詞〈ます〉、〈ません〉、〈まし〉 指示語は用いない。	述定詞に相当する詞「です」、「ます」、「ません」、「まし」 指示語には「指示語そ・あ」を用いる。
第二空間	陳述詞〈ます〉、〈ません〉、〈まし〉 指示語は用いない。	陳述詞〈ます〉、〈ません〉、〈まし〉 指示語には「指示語そ」を用いる。
	陳述詞〈でし〉 〈〜ません〉〈でし〉た。 指示語は用いない。	陳述詞〈でし〉 〈〜ません〉〈でし〉た。 指示語には「指示語そ・あ」を用いる。
第三空間	推量型述定詞「でしょう」。 指示語は用いない。	推量型述定詞「でしょう」。 指示語には「指示語そ・あ」を用いる。

　このように、人称代名詞を用いることで「話し手」は、第一空間内にいるという立場を堅持しながら、第一空間、第二空間、第三空間いずれの空間内にある事物についても、それがあたかもいわば舞台上にある事物であるかのようにして述べることができるようになります。すなわち、その舞台を客席から見上げながら、「聞き手」という「観客」の耳元でささやくようにして述べることになります。「話し手」にも「聞き手」にも本人自身が登場人物

として登場するということはありません。そのようにして述べる「話し手」を、「内包された作者」と呼びます。ただし、第二空間内にある事物については、「話し手」が「のです文」または「反語文」を用いることで「聞き手」に向かって直接発話をするということはあります。そのようなときの「話し手」を、「顕在化した作者」と呼びます。そして、「のである文」を用いる「話し手」は、「登場人物」であるという役回りと「語り手」という役回りを適宜演じ分ける「話し手」ということになります。

　人称詞として用いられる単語を以上のように整理することにより、日本語は大きく変わると私は思います。それは、日本語の大本にある領域空間意識という空間意識が対象空間意識へと徐々に変化して行くことで、日本語に色濃く内蔵される主観性が修正されていくと考えるからです。

　かつて、夏目漱石は、そのメモに『I love you ハ日本ニナキ formula ナリ』と記しました（村岡勇編『漱石資料―文学論ノート』岩波書店　昭和51年 p312 参照）。夏目漱石のこのメモは、〝I〟で表される〝私〟を〝この「私」〟の意に解したために、〝この「私」は「あなた」を「愛し」「ます」。〟という強調型指摘文で表現することは品がなく、適当ではないと考えたものだと思います（注）。しかし、「私」を人称代名詞である単語として用いることが定着すれば、二人で生きていく人生を念頭に〝私はあなたを〈愛し〉〈ます〉。〟と、自分自身のことではあっても客観的な立場に立って陳述文で述べることができます。そして、それは冷静で落ち着いたふさわしい愛情表現ということになるでしょう。

　人称代名詞を用いて陳述文で述べることが定着することをきっかけに丁寧辞〝です〟と述定詞に相当する詞「です」との混同、推量型述定詞「であろう」と推量型確認辞〝だろう〟の混同、推量型述定詞「でしょう」と推量型丁寧辞〝でしょう〟との混同、そして何よりも〝だろう〟、〝でしょう〟の乱用が見直されることになるでしょう。そして、いずれ新しい文体が生まれることにより、より一層幅広いコミュニケーションが可能となるとともに、ひいては新しい文学、新しい文化の生まれてくることとなるでしょう。私はそれを期待したいと思います。

（注）このことに関して、蓮實重彦氏は次のように述べています。

　　　『I love you が日本語に翻訳しがたいと言う漱石の自覚いらい、「私」と
　　　「貴方」との間に介在すべき「愛」の能動的他動詞性を回避しながら、そ
　　　の等価的表現の模索にあけくれてきた近代日本の小説は、恋愛を快楽の
　　　対象ではなく、二人でくぐりぬけるべき試練のごときものに仕立て上げ
　　　た。』

　　　（蓮實重彦「愛の抑圧の人称的構造」『國文学』第 25 巻 10 号　学燈社
　　　　昭和 55 年 8 月号　p89 参照）

終わりに

　英語をマスターするためには文法の知識が必須だと言われます。ところが、日本語についてそう言われることはほとんどありません。わずかに、古文を勉強する際にそう言われるだけです。しかし、日本語を十分に理解し正しく活用するためには、英語の場合と同じように、文法の知識を持つことが必須です。その理由として、本書での考察をもとに、次のような点をとくに指摘しておきたいと思います。

1）日本語の単語には、一つの名詞に、全称詞、総称詞、不定称詞および定称詞に相当するものがあります。そして、英語の定冠詞や不定冠詞に相当するものこそありませんが、冠詞を用いるときになされる判断と同様の判断が、日本語では名詞に辞をつけて用いる際に行われます。すなわち、日本語の基本的な辞である辞〝は〟、辞〝が〟の担うはたらきは、それがつけて用いられる名詞が全称詞、総称詞、不定称詞および定称詞のいずれかによって変わり、そのはたらきの違いにより文がどのような文になるかが決まるのです。これらの辞は名詞につけて用いられて、その名詞が主語だということを表すなどと言うだけでは、日本語を理解することにはつながりません。

2）指示語には、「指示語こ・そ・あ」という体系的まとまりがあります。「話し手」にとって「指示語こ・そ・あ」は、文を作り情報として伝えることになる事物がどのような空間内にあるかを「聞き手」に対し示すために用いるものであり、「聞き手」にとっては文が述定文なのか陳述文なのかを、また、述定文でもどのような述定文なのかを判別するカギとなるものであります。すなわち、指示語の用い方をよく知ることは、文の正しい理解と的確な表現をするうえで、極めて大切なことであるのです。

3）"の"という単語には、さまざまなものがあります。たとえば、形式
名詞「の」は、形式名詞である単語「もの」または実体(総称)存在詞
である単語「こと」に代えて用いられる単語です。その他、普通名詞
である単語「もの」を約めた単語"の"もあります。また、辞である
単語"の"もあります。辞"の"には、いわゆる格助詞であるもの
や終助詞であるものがあります。残念ながら、この"の"という単語
それぞれの違いが十分認識されないままに用いられることによって、
誤った用い方で用いられることが多くみられます。これは主として単
語"の"を用いて文を短くすることが優先されることによるものです
が、そうした誤用は、文意が不明確になることにつながります。たと
えば、"〜のだ"という形で用いられている"の"はいわゆる終助詞
である辞"の"です。その"〜のだ"の形をもとに確認辞"だ"を丁
寧辞"です"に代えた"〜のです"という形ができます。しかし、そ
れが、いわゆる格助詞である辞"の"に述定詞に相当する詞「です」
をつけて用いた"〜の「です」"という形とはまったく別のものだと
いうことを理解すべきです。

4）詞を作る際に"存在する"という概念を補助概念として活用する日本
語で文を作る際には、文を作り情報として伝えることになる事物が目
の前に個物としてあると意識することは自然なことです。しかしなが
ら、そのことは事物の存在する空間を、「自らが占有する事物または
その占有を主張する事物がそこに存在するところを中心とした広が
り」と意識することにつながります。それにより、「話し手」の視野
に入る空間の広がりは、限られたものとならざるをえません。結果と
して、日本語は主観にもとづいて述べることに適した言語であり、客
観的に述べることの難しい言語ということになります。仲間である人
と仲間以外の人とを極端に分けて扱う、さらには、大勢に流されてば
かりいて客観的なものの見方ができないということが日本人に起こる
のは、そうした言語特性を反映しているのです。そのことをつねに念

頭に置いておくことが大切です。

5）日本語に色濃く内蔵される主観性を補正し、日本語を客観的に述べることのできる言語とするためには、できる限り指摘文または陳述文で述べるようにする必要があります。しかし、日本人は、普通名詞である単語、たとえば、「私」を一人称の人称詞として用います。しかも、〝この「私」〟の意で用います。そのことが、自分の考えや意見を述べることを躊躇することにつながり、また、物事を客観的にとらえるうえでの妨げとなっています。日本語をより開かれた言語とするためには、まず、人称詞としてごく普通に用いられている「私」を、普通名詞である単語としてだけではなく人称代名詞でもある単語と意識しその二つを峻別して用いることに慣れることが必要です。それにより、陳述文で述べることが広く行われるようになれば、日本語の大本にある領域空間意識という空間意識が対象空間意識へと徐々に変化していくことで、日本語特有の主観性を修正することが可能となります。

　世界の人々に対して情報を発信していくためには、言語としての特徴を深く理解し、ともすれば内向きになりがちな日本語をいかにして世界への情報発信のための言語に変えて行けるかが、強く問われています。仲間内での言語にとどまっていることは許されません。それでなくても、スマホなどの普及により日本語での表現が短文でまたは単語でしか行われなくなってきており、日本語はいま大きな転機を迎えています。日本語で論理的に思考を展開するとともにその結果を正しく伝えるという機会がますます少なくなってきているのです。さらに、日本語を十分に習得しないうちに英語の習得を義務づけられるようになり、日本語にすでにある語彙の豊かさが急速に失われてきています。このままでは、日本語はどんどん劣化し、亡びることになるでしょう。今こそ、日本語文法の再考を通じて言文一致体に代る新しい文体の確立が目指されるべき時であると思います。
　そのような思いから、筆者は五年前に、いくつかの作業仮説を立てながら日本語文法について考えたことを、『「新文体作法」序説』としてまとめまし

た。序説とした理由は、引き続き新たな観察事実との間に矛盾がないかを検証し、矛盾があればその解消を図るという形で「ループを回す」ことが日本語文法の見直しを進めるうえで必要と考えたからです。幸いにも、多くの方々からご意見・ご指摘をいただくとともに、自らも検証を重ねることで、二年前には『「新文体作法」本説』を出しました。そしてこの度、その後いただいたさまざまのご指摘を真摯に受け止めながら、改めるべきものは改め付け加えるべきものは付け加えるとともに、自身としても再度根本から検討を行うことで、最終的に自身の納得のいく形で本書を出版することができることになりました。この間、私を支えていただいた皆様に深く感謝申し上げるとともに、本書が日本語に関心をお持ちの多くの方々のお役に立つことを心から願ってやみません。

〈著者紹介〉

齋藤 紘一（さいとう こういち）

1943年、群馬県生まれ。
東京大学理学部化学科卒。
通産省入省後、課長・審議官を務める。
1993年退官後、ISO（国際標準化機構）日本代表委員、
独立行政法人理事長等をへて現在、翻訳家。

著 書
　『「新文体作法」序説―ゴーゴリ「肖像画」を例に―』（鳥影社、2018年）
　『「新文体作法」本説―日本語のルールを知る―』（鳥影社、2021年）

訳 書
　フョードル・ソログープ
　　『小悪魔』（文芸社、2005年）
　ボリス・ワジモヴィチ・ソコロフ
　　『スターリンと芸術家たち』（鳥影社、2007年）
　ワシーリー・グロスマン
　　『人生と運命』（全3巻、みすず書房、2012年）日本翻訳文化賞受賞
　　同書　新装版（全3巻、みすず書房、2022年）
　　『万物は流転する』（みすず書房、2013年）
　　同書　新装版（みすず書房、2022年）
　　『システィーナの聖母』（後期作品集、みすず書房、2015年）

日本語文法の科学
―定本『新文体作法』―

2023年9月13日初版第1刷発行
著　者　齋藤 紘一
発行者　百瀬 精一
発行所　鳥影社 (www.choeisha.com)
〒160-0023 東京都新宿区西新宿3-5-12トーカン新宿7F
電話 03-5948-6470, FAX 0120-586-771
〒392-0012 長野県諏訪市四賀229-1(本社・編集室)
電話 0266-53-2903, FAX 0266-58-6771
印刷・製本　モリモト印刷
© SAITO Koichi 2023 printed in Japan
ISBN978-4-86782 039-1 C0080